어린이를 위한
고려 왕조실록

어린이를 위한
고려 왕조실록
2006년 1월 16일 초판 1쇄 발행 | 2009년 10월 20일 초판 3쇄 발행

엮은이 이상각 | **그린이** 픽처뱅크 | **펴낸이** 장진혁 | **펴낸곳** 홍진P&M
주소 경기도 파주시 교하읍 문발리 파주출판단지 526-4 | **전화** (031) 955-2371, (031) 955-2361
팩스 (031) 955-2341 | **등록** 제406-2007-00001. 2007.1.4 | **홈페이지** www.hjpub.co.kr
공급 형설출판사

ISBN 978-89-5697-737-9 74900
ISBN 978-89-5697-732-4 (세트)

ⓒ 홍진P&M 2009 Printed in Korea

※잘못된 책은 서점에서 바꾸어 드립니다.
　이 책의 내용을 쓰고자 할 때는, 저작권자와 출판사의 허락을 받아야 합니다.

정가　9,000원

어|린|이|를|위|한

고려
왕조실록

엮음 이상각 | 그림 픽처뱅크

홍진 P&M
Children's books

고려는 자주통일 문화 국가입니다.
고려인들의 투철한 민족정신은 조선을 거쳐
오늘 날 우리의 마음속에도 뚜렷이 새겨져 있답니다.

■ 들어가는 말

자주통일국가에서 문화국가로

  어린이 여러분은 고려를 생각하면 무엇이 떠오르나요? 고려는 강한 민족정신으로 이민족의 침략에 치열하게 맞섰던 나라였어요. 또 세계 어느 나라에서도 흉내낼 수 없는, 신라의 문화를 이어받아 만든 상감청자를 비롯해서 팔만대장경과 같은 위대한 문화유산들을 남기기도 했습니다.

  건국 초기에 고려는 호족들이 정권을 잡았어요. 광종과 성종 대에 이르러서야 나라의 기틀이 잡혔고, 현종 대는 강성했던 거란과 겨루어 강감찬 장군의 귀주대첩을 일궈내기도 했어요. 하지만 이자겸의 난과 묘청의 난 등으로 나라 안팎이 어지러운 가운데 정중부, 이의방, 최충헌 등이 일으킨 무신정권으로 나라는 오랫동안 혼란 상태에 있어야 했어요.

  엎친 데 덮친 격으로 고려는 세계를 제패했던 몽고의 거센 침략을 받았어요. 이에 삼별초로 불리는 군사들이 힘껏 싸웠지만 결국 패배하고, 고려는 원나라의 속국이나 다름없는 처지가 되었어요. 그럼에도 불구하고 고려는 이제현이나 이색 등과 같이 높은 학식을 지닌 학자들을 배출해 나라의 기품을 지킬 수 있었어요.

  영민했던 공민왕의 개혁 정책이 신돈의 죽음과 함께 실패로 끝난 뒤 고려는 정몽주의 지극한 충절에도 불구하고 결국 이성계에 의해 멸망하고 말았지요. 하지만 고려인들의 투철한 민족정신은 조선 왕조를 거쳐 오늘날 우리의 마음 속에도 뚜렷이 새겨져 있답니다.

후삼국의 소용돌이를 넘어서
고려, 눈을 뜨다

900년경, 한반도의 주인은 천년왕국 신라가 아니었어요. 신라는 진성여왕 대에 이르러 조정은 어지러워졌고 가혹한 세금으로 각처에서 민란이 일어나고 있었어요.

민란의 시작은 사벌에서 일어난 원종과 애노의 난이었습니다. 서라벌과 가까운 사벌에서 반란이 일어나자, 당황한 신라 조정에서는 장수 영기를 보내 토벌하려 했지만 실패하고 말았어요. 이 일로 백성들은 도처에서 봉기하기 시작했어요. 또 신라 조정의 무력함을 알게 된 각 지역의 호족들이 너도 나도 군대를 일으켰어요. 그로 인해 신라는 돌이킬 수 없는 멸망의 길로 들어섰던 것이지요.

반란 세력 가운데 사벌의 아자개, 국원의 청길, 북원의 양길, 중원의 원회 등이 가장 세력이 컸어요. 또 붉은 바지를 입고 위세를 떨쳤던 적고적이란 도둑떼도 있었지요. 시간이 지날수록 강성해진 이들은 서로 힘을 겨룬 끝에 죽주의 기훤과 북원의 양길, 사벌의 아자개 등만이 살아 남았어요.

이때 가장 세력이 강했던 아자개의 장남 견훤은 사벌을 떠나 수많은 군대를 모은 다음, 무진주를 장악하고 기세를 올렸어요. 용맹과 지혜를 겸비한 견훤은 백성들의 호응을 얻어 완산주까지 점령한 다음 892년에 완산주를 도읍으로 삼아 후백제를 세웠어요.

한편, 신라의 왕족 출신으로 기훤의 부하였던 궁예는 북원의 양길 밑으로 들어가 경상도 북부와 충청도, 강원도 등을 장악했어요. 궁예는 명주까지 손에 넣은 뒤에 양길을 배신하고 강원도 북부 일대와 경기도, 황해도 지역을 점령했습니다. 그 후 궁예는 철원을 거점으로 활동하면서 송악의 호족 왕융과 합세하더니, 901년 송악을 도읍으로 정하고 후고구려를 세웠습니다. 그리하여 신라와 후백제, 후고구려라는 후삼국시대가 시작된 것이지요.

905년, 궁예는 국호를 마진으로 바꾸고 도읍을 철원으로 옮기더니 911년에는 국호를 태봉으로 바꾸었어요. 이때 왕건은 궁예의 부하로 후백제의 요충지인 나주를 공략하는 등 많은 공을 세워 태봉의 제2인자가 되었어요.

그런데 태봉의 국력이 강성해질 즈음 궁예는 왕비와 왕자를 죽이고 충성스러운 신하들까지도 마구 처형하는 등의 행동을 보였어요. 이에 왕건은 복지겸, 신숭겸 등과 힘을 합쳐 궁예를 몰아내고 태봉의 새로운 왕이 되었지요. 그리고 얼마 후 나라 이름을 고려라고 고쳐 지었습니다. 고려가 개국하자 궁예의 심복이었던 환선길, 청주의 임춘길, 배총규, 이흔암 등이 반란을 일으켰지만 복지겸의 활약으로 모두 진압할 수 있었어요.

새 나라 고려를 열자마자 이렇듯 수차례의 반란 사건을 겪은 왕건은 호족들의 불만을 무마시키기 위해 결혼 정책을 폈어요. 그 때문에 왕건은 왕비 외에 무려 29명의 부인을 거느리게 되었지요. 하지만 이와 같은 결혼 정책은 훗날 고려가 외척들의 권력다툼으로 시끄러워지는 계기가 되었습니다.

후백제의 견훤은 고려를 정식 국가로 인정하면서 여러 방면으로 교류하기를 원했어요. 그것을 계기로 자신이 한반도의 맹주로 군림하고자 했던 것이지요. 신라 또한 신라 장수 출신인 견훤보다는 유력한 호족 출신인 왕건에게 호의적으로 대했어요. 이러한 관계로 인해 세 나라는 2년 동안 평화를 지속할 수 있었습니다.

그런데 920년, 후백제가 갑자기 신라의 합천을 공격했어요. 그러자 경상도 북부 지역의 호족들은 모두 고려에 의지했어요. 그리하여 고려는 925년 조물성 싸움을 시작으로 후백제와 지리한 전쟁을 벌였습니다. 그 사이에 두 나라는 서로 인질을 교환하고 휴전을 하기도 했지만 고려에 있던 후백제의 인질이 죽자 견훤은 고려를 세차게 공격하기 시작했어요. 이로 인해 두 나라 사이에 본격적인 통일 전쟁이 벌어지게 되었습니다.

927년 9월, 견훤은 고려를 은밀히 지원하던 신라의 경주를 기습했어요. 경애왕과 많은 왕족들을 참살한 견훤은 김부를 신라의 국왕에 앉힌 뒤 고려의 원병이 신라로 달려오자 재빨리 철수했습니다. 그런 다음 팔공산에서 고려군을 맞아 대승을 거두었어요. 하지만 이 일로 신라는 고려에 더욱 의지하게 되었고, 신라의 백성들 역시 노략질을 일삼는 후백제군보다는 군율이 엄정하고 덕이 있는 고려군을 응원하게 되었어요.

그 후 수차례의 전투에서 후백제군에게 밀리던 고려는 마침내 병산 전투에서 승리함으로써 전쟁의 주도권을 쥐게 되었어요. 그와 함께 왕건은 경순왕의 초청으로 경주에 가서 신라 백성들을 감화시켰습니다.

이처럼 고려가 내실을 다지고 있을 때 후백제에서는 내분이 일어났어요. 후계자 선정을 둘러싸고 견훤의 장남 신검이 반란을 일으킨 것이지요. 신검은 견훤이 왕위를 물려주려던 이복동생 금강을 죽인 다음, 견훤을 금산사에 가두었어요. 이에 분개한 견훤은 금산사를 탈출하여 고려에 항복해 왔습니다. 그러자 왕건은 견훤을 따뜻하게 맞이해 줌으로써 후백제 내부의 분열을 부추겼어요.

얼마 뒤, 신라의 경순왕이 고려에 항복해 옴으로써 한반도는 바야흐로 왕건의 고려와 신검의 후백제 간의 한판 승부로 주인을 결정짓는 단계에까지 이르렀습니다. 이윽고 왕건은 936년 9월, 8만 7천 명의 군사를 이끌고 일선 땅에서 신검의 후백제 군과 맞부딪치게 되었어요.

견훤의 지휘로 벌어진 첫 싸움에서 대승을 거둔 고려군은 고삐를 늦추지 않고 맹공격을 가했어요. 마침내 대패하고 완산주로 퇴각한 신검은 결국 왕건에게 항복하고 말았지요. 이렇게 해서 자주적으로 한반도를 통일한 고려는 민족의 힘을 한데 모아 찬란한 문화를 꽃피울 수 있게 되었습니다.

믿는 도끼에 발등 찍혔던 궁예

궁예는 신라 제47대 헌안왕의 아들이었어요. 궁예의 어머니는 후궁이었는데 857년 5월 5일, 궁예가 외가에서 태어날 때 긴 무지개와 같은 흰빛이 지붕에서 하늘까지 닿았다고 해요.

"이 아기가 자라나면 신라 왕실을 위협할 것입니다."

이와 같은 일관의 말을 들은 헌안왕은 아기를 죽이라고 명했어요. 명을 받은 신하는 아기를 포대기 속에서 꺼내어 다락 밑으로 던졌는데, 유모가 그 밑에서 떨어지는 아기를 받다가 실수로 한쪽 눈을 손가락으로 찌르는 바람에 궁예가 애꾸눈이 되었다고 해요. 이렇듯 구사일생으로 살아나 유모에게서 키워진 궁예는 어른이 된 뒤에서야 자신의 신분을 알게 되었어요. 그때부터 궁예는 신라에 복수할 생각을 하게 되었지요.

이윽고 장성한 궁예는 세달사란 절에 출가하여 선종이란 승려가 되었어요. 하지만 활달한 성격의 궁예는 불교 공부보다는 활쏘기를 연습하며 때가 오기를 기다렸어요. 그러던 어느 날, 까마귀 한 마리가 재를 올리러 가던 궁예의 바릿대에, 점을 치는 산가지 하나를 떨어뜨리고 날아가는 것이었어요. 산가지에는 왕이란 글자가 새겨져 있었지요. 이것은 궁예가 장차 왕이 될 것을 예고하는 것이었어요.

'음, 언젠가 내게 기회가 오겠구나.'

궁예는 이렇게 생각했어요. 과연 그로부터 얼마 지나지 않아 가혹한 정치를 펴는 신라 조정에 반발하여 도처에서 민란이 일어났어요. 그러자 궁예는 망설임 없이 세달사를 뛰쳐나와 죽주의 세력가 기훤의 부하가 되었어요. 그렇지만 기훤의 그릇이 보잘것없음을 알고 궁예는 청길, 원희, 신훤 등과 함께 북원 지방에서 세력을 떨치고 있던 양길에게 몸을 의탁했습니다.

양길의 휘하에 활약하던 궁예는 자신을 따르는 무리가 늘어나자 점차 독자적인 힘을 키웠어요. 그래서 894년에는, 3500명의 군사를 거느릴 정도가 되었습니다. 그때부터 궁예는 자신이 품고 있던 큰 뜻을 실천에 옮기기 시작했어요.

'내 나라를 세우고 장차 원수인 신라를 멸망시키고 말겠다.'

궁예는 과감하고 치밀한 성격이었지만, 자신이 불리할 때는 뒤로 물러서 때를 기다릴 줄 아는 인물이었어요. 또한 적극적으로 자신의 세력을 만들고 키워나가는 데도 망설임이 없었어요.

"나는 불쌍한 백성들을 구하기 위해 내려온 미륵부처이다. 나를 따르라."

이렇듯 궁예는 자신이 백성들을 구하기 위해 하강한 미륵부처와 같은 존재임을 과시했어요. 그러자 신라의 학정에 지친 백성들은 희망을 품고 그를 따랐습니다.

"아아, 이제 기다리던 새 세상이 오려나보다."

그로부터 승승장구하며 세력을 넓히던 궁예는 895년, 강원도 북부와 경기 일대를 손에 넣었어요. 그 이듬해에는 개성의 호족인 왕융을 신하로 받아들이면서 경기 북부와 황해도, 898년에는 황해도와 평안도, 한산주까지 장악했습니다.

그런 다음 궁예는 옛 주인인 양길의 세력을 무너뜨리고 901년에는 송악에 도읍을 정하여 후고구려를 건국했어요. 904년에는 다시 나라 이름을 태봉으로 바꾸고 철원으로 도읍을 옮겼습니다. 그때부터 궁예는 인재를 등용하고 관제를 개편하는 등 많은 개혁정책을 행했지만 철권통치를 펼침으로써 호족들의 반발을 샀어요. 그 결과 918년 6월, 궁예는 호족들의 대표인 왕건에게 나라를 빼앗기고 목숨마저 잃고 말았어요.

'왕건이 나를 배신할 줄이야. 정말 분하구나.'

애당초 궁예는 백성들의 신망을 얻고 있던 왕건을 매우 총애하고 가까이 두었지만, 결국 믿는 도끼에 발등을 찍힌 꼴이 되었던 것이지요. 그때의 분함 때문이었는지 지금도 태봉의 도읍지였던 철원에는 궁예가 통곡을 했다는 명성산과, 하루 아침에 처량해진 신세를 한탄했다는 한탄강의 전설이 남아 있답니다.

후백제를 세웠다가 거둔 견훤

견훤은 신라 말기 사벌, 곧 지금의 상주 땅에서 세력을 떨친 아자개의 맏아들이었어요. 그는 자라면서 체격과 용모가 남달리 비범했으므로 신라의 군대에 들어가 비장이 되었습니다. 그런데 아자개가 사벌성을 장악하고 신라에 반기를 들자 군대에서 뛰쳐나와 아버지를 도왔어요.

타고난 영웅적인 기질로 인해 따르는 사람들이 많았던 견훤은 곧 경주 주변에서 많은 군대를 모아 아자개보다 더 큰 세력을 얻게 되었어요. 그렇지만 아버지와 다툴 수는 없는 노릇이라 890년 무진주에 둥지를 틀었고, 2년 뒤인 892년에 완산주를 도읍으로 하여 후백제를 건국했어요. 그때 견훤의 나이는 불과 26세였답니다.

견훤의 뛰어난 활약으로 인해 후백제는 나날이 발전했습니다. 그래서 901년경의 후백제는 신라나 태봉이 감히 넘볼 수 없는 강력한 국가로 성장해 있었지요. 그렇지만 903년 왕건의 활약으로 태봉에 나주를 빼앗기고, 905년경 태봉이 충청도와 평안도 일대까지 장악하자 국력이 뒤쳐지게 되었어요.

왕건이 궁예를 몰아내고 고려를 창건하자, 이에 반발한 태봉의 공주와 홍성, 청주의 호족들이 후백제에 항복해 왔어요. 그리하여 견훤은 다시금 한반도의 일인자가 되었습니다. 그런데 그 해 9월, 갑작스럽게 아자개가 왕건에게 투항하는 일이 벌어졌어요. 후백제를 내분으로 이끌려는 왕건의 작전이 성공을 거둔 것이었지요.

'아니, 아버지가 어찌 나를 버리고 적국에 가담하는가?'

견훤은 노발대발했지만 어쩔 수 없는 일이었어요. 견훤은 어렸을 때부터 새어머니 남원 부인은 물론이고 이복동생들과도 사이가 좋지 않았어요. 때문에 아자개와 견훤은 부자간이면서도 남남처럼 지내고 있었어요.

이런 상황에서도 견훤은 결코 흔들리지 않았어요. 오히려 마음을 가다듬고 후백제의 국력을 키우는 데 온 힘을 기울였어요. 또한, 은밀히 고려를 지원하던 신라를 기습하여 경애왕을 죽이고 경순왕을 세운 뒤 뒤쫓아 온 고려군을 공산 전투에서 격파하기도 했습니다.

견훤은 환갑이 넘어서도 군대를 직접 지휘할 정도로 건재했고, 나라 안팎의 중요한 지역에는 아들이나 사위를 내려 보내 다스리는 등 정치에도 뛰어났어요. 그리하여 후백제의 국력은 언제나 고려보다 한 발 앞서 나가고 있었지요.

그러나 지나치게 자신의 힘을 믿었던 견훤은 결국엔 후계자 문제를 놓고 지나치게 고집을 피운 것이 문제가 되었지요. 후백제의 개국공신인 능환을 비롯해 대부분의 신하들은 맏아들인 신검을 태자로 삼아야 한다고 주장했어요. 하지만 견훤은 넷째 아들인 금강을 태자로 삼으려 했어요. 그러자 분개한 신검은 동생 양검, 용검과 힘을 합쳐 반란을 일으킨 다음 금강을 죽이고, 견훤을 금산사에 가두어 버렸습니다.

"신검 이놈, 네가 이런 불효를 저지르고도 잘 살 수 있을 것 같으냐."

하루 아침에 곁방 늙은이 신세로 전락한 견훤은 분개했어요. 그리하여 견훤은 몰래 금산사를 탈출한 다음 나주에 있던 고려군에 투항했습니다. 갑작스런 견훤의 귀순에 왕건은 깜짝 놀랐지만 견훤을 몹시 환대했어요. 이에 감동한 견훤은 왕건에게 불효자식인 신검을 토벌하자고 건의했어요. 자신이 세운 나라를 멸망시키고 싶을 만큼 신검에 대한 원한이 깊었던 것이지요.

936년 9월, 왕건은 8만 명의 대군을 동원해 후백제 공략에 나섰어요. 그때 견훤은 직접 1만 명의 병력을 거느리고 선봉장이 되었습니다. 적장이 옛 주군 견훤임을 알게 된 후백제의 효봉, 덕술, 애술, 명길 등의 용장들은 싸움을 포기하고 거꾸로 신검에게 칼날을 돌렸어요. 그리하여 신검은 힘 한번 제대로 쓰지 못하고 패퇴하고 말았습니다. 그 결과 고려는 고대하던 통일국가를 완성하게 되었던 것이지요.

그렇지만 이 일은 견훤의 마음을 아프게 했습니다. 자신이 평생 공들여 세운 나라를 자신의 손으로 허물어뜨렸으니 얼마나 속이 상했겠어요? 그리하여 전쟁이 끝나고 얼마 지나지 않아 견훤은 70세의 나이로 세상을 떠나고 말았습니다.

현재 견훤의 이름은 강원도 원성의 견훤성과 상주의 견훤성으로 남아 있어요. 또 영동 황간을 본으로 하는 황간 견씨의 시조가 바로 견훤이랍니다.

백전백승의 용장 유금필

　평주 출신의 유금필은 왕건이 삼한을 통일하는 데 가장 큰 공을 세운 장수입니다. 그는 왕건이 위기에 빠졌을 때마다 승리를 거두어 왕건을 회생시켜 주었어요. 이때문에 왕건은 감사하는 마음으로 유금필의 딸을 자신의 아홉 번째 부인으로 삼았어요. 그래서 두 사람은 혈연으로 굳게 뭉친 사이가 되었지요.

　고려 개국 초기에 왕건은 각처에서 일어나는 반란 때문에 몹시 어려운 상황에 있었어요. 특히 골암성의 여진족들이 문제였어요. 그들은 수시로 고려 국경을 침범하여 고려인들을 잡아갔어요. 이에 왕건은 유금필에게 여진족들을 평정해 달라고 부탁했어요.

　"이 일은 경이 아니면 누구도 해결할 수 없을 것이오."

　왕명을 받은 유금필은 곧 골암성 지역에 달려가 큰 잔치를 연 다음, 여진족 추장 3백여 명을 불러 술을 권했어요. 이윽고 그들이 대취하여 몸을 가누지 못하게 되자 전부 묶은 다음 고려 조정에 복종할 것을 강요했어요. 어쩔 수 없이 그들이 순종하자 유금필은 각 마을에 사람을 보내 통보했어요.

　"이미 너희들의 추장들이 항복했으니 저항하지 말라."

　그리하여 마을의 여진족 1천 5백여 명을 사로잡고, 잡혀갔던 고려인들도 돌려받았습니다. 그러자 왕건은 몹시 기뻐했어요.

　"피 한 방울 흘리지 않고 골칫거리를 해결하다니 역시 장군이오."

　그 해 10월, 조물성 전투에서 왕건과 견훤이 맞부딪쳤을 때 양군의 전력이 팽팽해서 함부로 싸울 수 없었어요. 그때 임존성을 함락시키고 달려 온 유금필은 왕건이 견훤과 화친하려 하자 강력히 반대했어요.

"적과 싸우지 않고 돌려보낸다는 것은 장수로서 부끄러운 일입니다."

"그대의 뜻은 알겠다. 하지만 이번에는 허락할 수 없다."

왕건은 그때 유금필의 뜻을 받아들이지 않았어요. 이런 왕건의 판단은 훗날 견훤의 귀순으로 빛을 발했지요. 유금필은 이처럼 전장에서는 결코 등을 보이는 일이 없는 맹장이었어요. 그리하여 930년 병산 전투에서 유금필은 선봉장으로 나서 백제군을 대파했어요. 이렇게 싸울 때마다 이기는 장수를 싫어할 임금이 어디 있겠어요?

그렇지만 유금필에 대한 왕건의 총애는 다른 장수들의 질투를 불러일으켰어요. 그래서 931년 유금필은 여러 신하들의 참소에 휘말려 위기에 몰렸습니다. 왕건은 마음이 아팠지만 조정의 안정을 위해 어쩔 수 없이 그를 곡도에 귀양 보냈지요.

유금필이 사라지자 쾌재를 부른 후백제는 은밀히 훈련시킨 해군을 총동원해 고려의 도읍인 개성을 유린하고 저산도 목장에 키우던 군마들까지 남김없이 빼앗아 갔어요. 강력한 해군을 자랑하던 고려가 거꾸로 후백제의 해군에게 해상권을 내주고 도읍까지 침입당하는 황당한 일을 겪은 것이지요.

"코앞에서 적에게 당하다니 경들은 대체 무엇을 하고 있었단 말이오?"

왕건이 이렇듯 화를 냈지만 고려의 신하들은 아무런 방책을 세우지 못했어요. 이때 유배 중이던 유금필이 곡도와 포을도의 백성들을 모아 군대를 편성한 다음 어선을 군선으로 개조하여 싸움에 나선 끝에 백제의 해군을 쫓아냈어요. 그의 활약이 아니었다면 고려는 걷잡을 수 없이 무너지고 말았을 거예요. 이에 감격한 왕건은 유금필의 손을 부여잡고 이렇게 사과했어요.

"내가 어찌하여 그대와 같은 어진 신하를 내쫓았는지 모르겠소. 경은 실로 무고하게 귀양살이를 했지만 화내지 않고 오히려 나라를 되살렸으니 정말 부끄럽구려."

이듬해 정남대장군이 된 유금필은 신검이 이끄는 후백제군에 포위된 신라의 경주를 불과 80기의 기병만으로 돌파하는 용맹을 선보임으로써 신라 백성들의 환호를 받았어요. 또 934년 운주성 전투에서는 3천의 후백제군을 무찌르고 공주 이북의 성 30여 개를 빼앗았습니다. 이로 인해 후백제는 강성했던 기세가 꺾이고 내분에 휩싸이게 되었지요.

이처럼 유금필은 어떤 전투에서도 물러선 적이 없고 패배한 적이 없는 승리의 화신이었어요. 때문에 후백제군은 그의 이름만 들어도 벌벌 떨 정도였지요. 하지만 백전백승의 장수도 세월을 이길 수는 없었던지, 유금필은 941년 태조 왕건과 고려 백성들의 슬픔을 뒤로 한 채 세상을 떠나고 말았답니다.

어린이를 위한
고려왕조실록

태조에서 성종까지
개국에서 왕권 확립까지

자주국가의 문을 활짝 연 태조 왕건 _22
(재위 : 918~943년)

아우들에게 시달린 혜종 _38
(재위 : 943~945년)

호족들을 억누르고 개혁에 성공한 광종 _46
(재위 : 949~975년)

유교의 정치이념을 실현한 성종 _56
(재위 : 981~997년)

목종에서 인종까지
고난을 넘어 태평성대로

천추태후의 치마폭에 휘둘렸던 목종 _68
(재위 : 997~1009년)

거란의 침입에 당당히 맞선 현종 _74
(재위 : 1009~1031년)

태평성대를 이끈 문종 _84
(재위 : 1046~1083년)

고려 문화의 발전을 가져온 선종 _90
(재위 : 1083~1094년)

우리나라 최초의 화폐를 만든 숙종 _96
(재위 : 1095~1105년)

여진과 한판 승부를 벌인 예종 _102
(재위 : 1105~1122년)

이자겸과 묘청의 난을 겪은 인종 _108
(재위 : 1122~1146년)

차례

의종에서 원종까지
무신들의 나라

무신정권의 첫 희생자 의종 _120
(재위 : 1146~1170년)

심약하고 우유부단했던 명종 _128
(재위 : 1170~1197년)

최충헌의 허수아비 신종 _136
(재위 : 1197~1204년)

무신정권과 정면대결했던 희종 _140
(재위 : 1204~1211년)

몽고의 거센 태풍에 시달렸던 고종 _144
(재위 : 1213~1259년)

원나라의 도움으로 무신정권을 몰아낸 원종 _152
(재위 : 1259~1274년)

충렬왕에서 공민왕까지
원나라의 빛과 그림자

아들과 왕위를 다퉜던 충렬왕 _160
(재위 : 1274~1308년)

원나라에 살면서 고려를 다스린 충선왕 _166
(재위 : 1298~1308년)

심양왕 왕고와 왕위를 다퉜던 충숙왕 _172
(재위 : 1313~1339년)

희대의 패륜아 충혜왕 _178
(재위 : 1330~1344년)

자주국가의 기치를 높이 든 공민왕 _186
(재위 : 1351~1374년)

우왕에서 공양왕까지
고려의 끝, 조선의 시작

최영에게 의지했던 우왕 _202
(재위 : 1374~1388년)

고려의 마지막 임금 공양왕 _210
(재위 : 1389~1392년)

태조에서 성종까지

개국에서 왕권 확립까지

자주국가의 문을 활짝 연 태조 왕건
(재위 : 918~943년)

아우들에게 시달린 혜종
(재위 : 943~945년)

호족들을 억누르고 개혁에 성공한 광종
(재위 : 949~975년)

유교의 정치이념을 실현한 성종
(재위 : 981~997년)

고려는 건국 초기 호족들로 인해 왕실이 제대로 힘을 펴지 못했어요. 혜종과 개경파의 지원으로 정변에 성공한 정종의 뒤를 이어 즉위한 광종은, 노비안검법과 과거제도 등의 개혁정책으로 호족들을 억누르고 왕권을 확립했어요. 그 뒤를 이은 성종은 최승로와 함께 나라의 기틀을 잡아 고려의 국력을 크게 발전시켰습니다. 또한 서희는 뛰어난 외교술을 발휘해 거란의 침입에 맞서 국토를 압록강 변까지 넓혔어요.

자주국가의 문을 활짝 연 태조 왕건

(재위 : 918~943년)

태조 왕건의 아버지 왕륭은 신라 말 개성의 유력한 호족이었어요. 왕륭이 부인 한씨와 결혼한 뒤 송악산 남쪽 기슭에서 살고 있을 때였어요. 어느 날, 승려 도선은 그의 집 앞을 지나며 이렇게 중얼거렸어요.

"어허, 기장을 심을 터에 어찌 삼을 심었단 말인가?"

그 말을 들은 한씨는 남편에게 달려가 그 일을 알렸어요. 그러자 왕륭은 황급히 도선의 뒤를 쫓아가 그 앞에 엎드려 가르침을 청했어요.

"스님의 말씀에는 깊은 뜻이 있는 듯합니다. 부디 우매한 백성에게 가르침을 주십시오."

그러자 도선은 이렇게 말했습니다.

"내가 시키는 대로 집을 짓고 하늘의 뜻을 받아들인다면 내년에 반드시 아들을 낳을 것이오. 그 아이의 이름을 왕건이라고 지으시오."

그러면서 봉투를 하나 꺼내 주었는데, 겉봉에 이렇게 씌어 있었어요.

'삼가 글을 받들어 백 번 절하면 미래에 삼한을 통합할 주인을 당신에게 드리노라'

그 후 왕륭은 도선이 가르쳐준 대로 집을 짓고 살았어요. 그러자 과연 이듬해 아들을 낳아서 이름을 왕건이라고 지었습니다. 877년 1월의 일이었지요. 이윽고 왕건이

17세가 되자 다시 도선이 찾아와 군왕이 갖추어야 할 인격과 학문, 그리고 풍수지리와 병법, 천문학 등을 가르쳐 주었습니다.

이 이야기는 《삼국유사》에 나오는 태조 왕건의 탄생 설화랍니다. 이 책에는 왕건의 생김새와 인품을 이렇게 전하고 있어요.

'어려서부터 총명하고 지혜로웠으며 용의 얼굴에, 이마는 해와 같이 둥글며, 턱은 모나고 안면은 넓고 훤했으며, 기상이 탁월하고 음성이 웅장하여 세상을 건질 만한 도량이 있었다.'

그러니까 영웅의 기상을 타고 났다는 뜻이겠지요? 왕건은 20세가 되던 896년, 아버지 왕륭과 함께 궁예의 휘하에 들어가 후백제와의 싸움에서 큰 공을 세웠고, 궁예의 총애는 물론 백성들의 신망까지 얻었어요.

"그대가 있음으로 내 나라가 굳건하구나."

왕건의 초상화(왼쪽)
왕건의 신위를 모신 사당 숭의전(오른쪽)

"왕건 장군은 용맹스러울 뿐만 아니라 인품도 뛰어나신 분이야."

900년에 왕건은 경기도 광주, 충주, 청주, 괴산 등을 병합하여 아찬 벼슬에 올랐으며, 903년에는 나주를 정벌하여 후백제에 커다란 타격을 주었어요. 909년에 태봉의 해군 대장군이 된 왕건은 골칫거리였던 나주 연안의 유명한 해적 능창을 사로잡기도 했습니다. 그 후에도 숱한 공을 세운 왕건은 913년에 백관의 우두머리인 광치나에 임명되었어요. 조정에서도 왕건이 뛰어난 능력을 발휘하자 따르는 사람들이 많아졌습니다.

이때 궁예는 점차 주변에 대한 의심이 많아져 신하들을 함부로 죽이고 심지어 왕비 강씨와 왕자들까지 죽이는 난폭한 태도를 보이고 있었어요. 그러자 왕건은 궁예의 눈길에서 벗어나기 위해 자원해서 나주로 내려갔어요.

'왕에게 의심을 사면 자칫 곤란해지겠다.'

궁예는 이때 스스로 미륵불이라 하며 사람의 마음을 읽는다는 관심법을

쌍미륵사
궁예가 미륵신앙을 합리화하기 위해 세운 안성의 쌍미륵사와 쌍미륵불

빙자하여 자신을 거역할 만한 신하들을 닥치는 대로 죽이고 있었어요. 이는 왕권을 강화하려는 의도이기도 했어요. 그러던 어느 날, 왕창근이란 사람이 궁예에게 이상한 거울을 바쳤어요. 그 거울에는 두 영웅 중에 한 사람이 삼한을 통일한다는 글귀가 담겨 있었어요. 이에 궁예는 왕건을 철원으로 불러들인 다음 다짜고짜 이렇게 다그쳤어요.

"그대가 어젯밤에 사람을 모아 반란을 일으키려 했다는데 사실인가?"

"천부당만부당한 말씀이십니다."

"어허, 어찌 나를 속이려 하는가. 나는 관심법으로 그대의 마음을 꿰뚫어 볼 수 있다. 어디 한번 살펴보겠다."

그러면서 궁예는 눈을 감고 하늘을 우러러보는 것이었어요. 이때 장주 최응이 일부러 붓을 떨어뜨린 다음, 그것을 줍는 체하며 왕건에게 다가와 속삭였어요.

"장군, 그렇다고 하지 않으면 목숨이 위험합니다."

그 말뜻을 알아챈 왕건은 궁예 앞에 무릎을 꿇으며 소리쳤어요.

"폐하, 제가 거짓을 아뢰었습니다. 간밤에 모반을 계획했으니 죽여 주십시오."

그러자 궁예는 껄껄 웃으며 말했어요.

"하하, 과연 그대는 정직한 사람이야. 내가 어찌 그대 같은 충신을 죽일 수 있겠는가? 다시는 나를 속이려 하지 말라."

그러면서 궁예는 금은으로 장식한 말안장과 굴레를 왕건에게 주었어요. 이렇듯 궁예에게서 충성을 시험받은 왕건은 그의 총애에도 불구하고 언제 당할지 모른다는 생각에 불안해졌어요. 그러던 어느 날 홍유, 배현경, 신숭겸, 복지겸 등이 그를 찾아와 포악한 궁예를 제거하자고 제안했어요.

"궁예의 폭정을 더 이상 내버려둘 수 없습니다. 부디 거사를 이끌어 주십시오."

궁예가 그토록 두려워하던 반란이 현실로 드러나는 순간이었어요. 이때 왕건이 망설이자 밖에서 엿듣고 있던 부인 유씨가 갑옷과 보검을 들고 방 안에 들어와 그를 설득했어요.

"때가 되었는데 무엇을 주저하십니까. 당신만이 헐벗고 지친 백성들의 희망임을 왜 모른 체하려 하십니까."

"어쩔 수 없군. 이것이 하늘의 뜻이라면 따를 수밖에……."

드디어 왕건은 새 나라를 건설하기로 마음을 굳혔어요. 이윽고 왕건이 군사들을 이끌고 왕성으로 쳐들어가자 당황한 궁예는 신하들을 찾았지만 아무도 나타나지 않았어요. 아무도 포악한 궁예를 지켜주고 싶지 않았으니까요. 낙심한 궁예는 홀로 궁궐을 빠져나가 산야를 전전하다가 강원도 평강 땅에서 숨을 거두고 말았답니다.

이렇게 해서 918년 6월, 태봉의 왕이 된 왕건은 옛 고구려의 뒤를 잇는다는 뜻으로 국호를 고려라고 바꿨습니다. 또 연호는 나라가 천년까지 이어지란 뜻의 천수라고 지었습니다. 이렇게 해서 새 나라 고려의 문이 활짝 열린 것입니다.

하지만 고려의 앞길은 밝지 않았어요. 궁예를 따르던 조정의 신하들을 다독거려야 했고, 또 강력한 후백제와의 경쟁도 알 수 없는 상태였어요. 혼란은 너무나 빨리 시작되어서 왕건이 즉위한 지 나흘 만에 마군 장군 환선길이 반란을 일으켰어요.

궁예의 심복이었던 환선길은 갑자기 50여 명의 병사들과 함께 내전에 침입하여 신하들과 회의하고 있던 왕건에게 칼을 겨누었어요. 이때 왕건은 속으로 당황했지만 아무렇지도 않은 태도로 물었어요.

"환 장군이 무슨 일로 대낮에 군사를 이끌고 내전에 들어온 것이오? 혹시 반란이라도 일어난 것이오?"

왕건의 당당한 태도에 환선길은 몹시 당황했어요. 그리하여 왕이 복병을 숨겨 놓은 것으로 착각하고 밖으로 도망쳐 버렸습니다. 자신의 꾀에 자신이 넘어간 격이었지요. 겨우 위기를 넘긴 왕건은 근위병들에게 명하여 반란군들을 모조리 잡아들이게 한 다음 주모자인 환선길을 참수형에 처했어요. 얼마 뒤에는 웅주성주 이흔암이 또 반역을 도모하다가 죽임을 당했어요. 이처럼 반란이 연달아 일어나자 왕건은 궁예의 숨결이 남아있는 철원 지역이 자신에게 이롭지 않다는 걸 알고 도읍을 송악으로 옮겼습니다.

그 후 왕건은 고려의 라이벌인 후백제의 견훤과 끊임없이 싸웠고, 신라를 병합한 뒤에는 견훤을 쫓아낸 신검과 일전을 벌여 936년 9월에 고대하던 삼한을 통일했어요. 이와 같은 고려의 통일은 926년에 거란에 멸망당한 발해 유민들, 신라왕실과 백성들, 또 후백제를 세운 견훤까지 함께 한민족 대화합의 한마당이었어요. 이로 인해 한민족은 단일민족으로 단일문화를 형성한 국가를 이루게 되었답니다.

태조 왕건은 또 건국이념에 따라 고구려의 옛 땅을 회복하기 위해 노력했어요. 당시 요동지역에는 강한 세력의 거란이 있었고, 그 사이에는 여진족이 버티고 있었어요. 그리하여 고려는 서쪽의 청천강과 동쪽 영흥의 이

북까지 여진족을 몰아낸 다음 요동지역을 나라의 경계로 삼았습니다.

942년 10월, 거란에서 사신 30명과 낙타 50필을 보내 고려와 화친하고자 했어요. 그러자 태조 왕건은 화를 내며 이렇게 말했습니다.

"거란은 발해와 동맹을 맺고 있다가 갑자기 침공하여 멸망시킨 무도한 나라이다. 우리가 어찌 그런 배은망덕한 나라와 화친할 수 있겠는가?"

그러면서 왕건은 거란의 사신 30명을 섬으로 귀양 보내고, 낙타는 만부교 다리 아래에 묶어두어 굶어죽게 만들었어요. 그리하여 금수강산 고려 땅을 처음 밟은 낙타는 때를 잘못 만나 모두 몰살당하고 말았어요.

왕건은 불교를 국교로 삼고 신라 충신의 승려 충담을 왕사로 세운 다음 개태사를 지었어요. 또 신흥사에서 무차대회를 열어 백성들을 위로했는데, 무차대회란 승려, 속인, 남녀노소, 귀천의 차별 없이 평등하게 잔치를 열어 물품을 고루 나누어주는 불교의 큰 법회예요. 그와 함께 호족들의 자

개태사 삼존불
태조 왕건이 후백제를 멸망시킨 뒤 세운 절

제들을 인질로 삼아 중앙에 머물게 하는 기인제도를 실시함으로써 지방의 반란을 미연에 방지했어요.

943년, 병석에 누운 왕건은 측근인 박술희를 불러 후대 왕들이 지켜야 할 계율이라 할 수 있는 《훈요십조》를 전한 다음 67세를 일기로 세상을 떠났습니다. 그는 실로 신라 말에서 후삼국시대의 어지러운 시대를 끝낸 위대한 임금이었습니다.

명성산
왕건에게 내쫓긴 궁예가 이곳에서 재기를 노리다가 대패하자 슬프게 울었다 하여 붙여진 곳

알면 재미있는 이야기

 고려 왕들의 가훈《훈요십조》

태조 왕건은 죽기 전에 후대의 임금들에게 나라를 잘 다스릴 수 있는 열 가지 방법을 알려 주었어요. 바로 열 가지 교훈《훈요십조》입니다. 그 내용은 다음과 같아요.

첫째, 불교를 진흥시키되 승려들의 사원 쟁탈전을 경계하라.
둘째, 절을 함부로 늘려 짓게 하지 말라.
셋째, 서열에 관계없이 덕망 있는 왕자가 왕위를 잇게 하라.
넷째, 중국 풍습을 애써 따르지 말고, 거란의 풍습을 본받지 말라.
다섯째, 서경에 1년에 1백일 이상 머물러 왕실의 안녕을 도모하라.
여섯째, 연등회와 팔관회 행사를 원래 취지대로 유지하라.
일곱째, 상벌을 분명히 하고 참소를 멀리하며, 간언에 귀를 기울여 백성들의 신망을 잃지 말라.
여덟째, 차령산맥 이남과 금강 아래 출신은 반란의 염려가 있으므로 벼슬을 주지 말라.
아홉째, 백관의 녹봉을 늘이거나 줄이지 말고, 군대의 사기를 위해 매년 무예가 특출한 사람을 가려 뽑아 벼슬을 주어라.
열째, 경전과 역사책을 널리 읽고 옛일을 교훈삼아 반성하는 자세로 정사에 임하라.

여기에서 다른 것은 다 이해가 되지만 여덟째 내용은 좀 이상하지요? 왜 차령산맥 이남과 금강 아래 출신의 사람들에게 벼슬을 주지 말라고 했을까요? 왕건이 삼국통일의 과정에서 견훤에게 수

많은 시련을 당했기 때문에 후백제 지역 출신들의 뛰어난 능력을 두려워했던 것은 아닐까요? 어쨌든 이 대목은 훗날 정치인들에게 그 지역 출신의 뛰어난 인물들을 없애는 수단으로 잘못 이용되기도 했답니다.

태조 왕건의 부인들

태조 왕건은 지방 호족들과의 혼인 정책을 통해 새 나라 고려를 안정시키려 했어요. 그 때문에 무려 29명의 왕비를 두었고, 그들과의 사이에서 25남 9녀를 얻었어요. 그 가운데 왕건과 얽힌 중요한 인연을 살펴보도록 해요.

- 신혜왕후 유씨

왕건의 첫 번째 부인 유씨는 경기도 정주, 지금의 풍덕 출신으로 경기 북부 지역의 대부호인 유천궁의 딸이었어요. 왕건이 그녀를 만난 것은 스무 살 때였어요. 궁예의 장수로서 부하들을 이끌고 정주 땅을 지나던 때였지요. 당시 왕건은 늙은 버드나무 아래서 지친 말을 쉬게 하고 있었어요. 그런데 마침 물을 길어오던 유씨를 발견하고 물 한 바가지를 청했어요. 그러자 유씨는 바가지에 물을 뜬 다음 버들잎 하나를 띄워 건네주는 것이었어요. 왕건은 이상하게 생각하며 물었어요.

"어찌하여 물에 버들잎을 띄워 주는 것이오?"

"목이 마를 때 물을 급히 마시면 체하기 쉽습니다."

왕건은 그녀의 지혜로움에 감탄하고 그 날 유천궁의 집에 찾아갔어요. 이때 유천궁은 왕건이 범상한 인물이 아님을 알고 딸을 왕건과 동침하게 했어요. 그 후 왕건은 전장으로 떠났고, 오랫동안 왕건이 소식이 없자 그녀는 머리를 깎고 비구니가 되었습니다.

오랜 시간이 흐른 후 그 사실을 전해 들은 왕건은 그녀를 데려와 첫째 부인으로 삼았어요. 훗날 궁예의 학정에 반발하여 홍유, 배현경 등이 왕건을 찾아와 거사를 종용하자, 밖에서 대화를 엿듣고 있던 유씨는 미리 준비한 갑옷과 투구, 장검을 가져다주며 출전을 독려했다고 합니다.

알면 재미있는 이야기

- 장화왕후 오씨

왕건이 오씨 부인과 만난 나주의 완사천

오씨는 나주 출신 오다련군의 딸입니다. 왕건이 태봉의 해군을 이끌고 후백제의 요충지인 나주를 쳐들어갔을 때 한 시냇가에 오색구름이 떠있었어요. 호기심을 느낀 왕건이 다가가보니 오씨가 빨래를 하고 있었다고 합니다.

그녀의 미모가 몹시 아름다웠으므로 왕건은 한 눈에 반하고 말았어요. 그 후 오씨는 왕건의 아들을 낳아 이름을 '무'라고 지었어요. 무는 훗날 왕건의 뒤를 이어 혜종이 되었답니다.

- 신명순성왕후 유씨

유씨는 충주의 호족 유긍달의 딸로 누구보다 많은 자식을 낳았어요. 태자 태, 정종, 광종, 문원대왕 정, 증통국사 등 다섯 아들과 낙랑공주, 흥방공주가 그들이지요.

왕건과 유씨의 결혼 역시 호족들과의 혼인 정책에서 비롯되었지만 왕건은 다른 부인들보다 유씨를 유독 사랑했어요. 자식들이 많다는 것이 바로 그 증거이지요. 유씨가 낳은 첫째 딸 낙랑공주는 신라의 마지막 임금 경순왕 김부와 결혼함으로써 왕건이 경주 세력을 끌어들이는 데 큰 역할을 했습니다.

네 사람의 개국공신

이번에는 고려의 건국에 중추적인 역할을 한 네 명의 충신을 소개하겠습니다. 이들은 본래 태봉 왕 궁예의 신하들이었지만 궁예의 공포정치가 극에 달하자 덕망 높은 왕건을 왕으로 세움으로써 고려의 일등공신이 되었답니다. 고려를 이야기할 때 이들을 그냥 지나칠 수는 없지요.

- 홍유

경상도 의성 출신인 홍유는 본래 신라의 장수였지만 나라가 피폐하고 정치가 포악해지자 궁예의 신하로 들어가 장수로서 17년 동안 많은 공을 세웠어요. 그리하여 기마부대의 대장인 마군 대장으로 출세했지만 포악한 궁예를 보다 못해 왕건을 추대하여 반란을 일으켰어요.

그 후 고려의 개국공신이자 장수로서 용맹을 떨치던 홍유는 청주에서 일어난 반란을 진압했고 경상도 북부 지방의 민심을 안정시켰어요. 그 공으로 왕건은 홍유의 딸을 아내로 맞아들였답니다. 936년 왕건이 후백제를 칠 때 일리천 전투에서 큰 공을 세웠지만 고대하던 통일을 보지 못하고 그 해에 세상을 떠났습니다.

- 배현경

경주 출신의 배현경은 담력과 무예가 뛰어났는데 궁예 밑에서 일개 병졸로 있다가 마군 장군까지 오른 입지적인 인물입니다. 고려 개국공신으로서 왕에게 직언을 서슴지 않는 담대한 성격을 지니고 있었어요.

뛰어난 장수로 수많은 전투에서 공을 세웠고, 중앙의 감찰 관리로 활약하다 말년에는 재상인 대광 벼슬에까지 이르렀어요. 하지만 그 역시 홍유와 마찬가지로 고려가 통일을 이루던 때 세상을 떠났어요. 그의 죽음이 임박하자 왕건은 친히 그를 찾아가 이렇게 위로했다고 해요.

"아, 그대를 잃는 것이 천명이니 어쩔 수 없구나. 하지만 그대의 자손들이 있으니 내 그대의 공을 잊지 않으리라."

- 신숭겸

춘천 출신의 장수 신숭겸은 본래 능산이란 이름으로 궁예 밑에서 활약했는데, 고려가 개국한 뒤에 왕건으로부터 신숭겸이란 이름을 받았어요. 927년 견훤이 신라를 급습하여 경애왕을 죽이고 퇴각하자 왕건은 지금의 팔공산 지역인 공산에 진을 치고 후백제군과 일전을 벌였어요. 하지만 견훤의 계책에 휘말려 고려군은 전멸의 위기를 맞이하고 급기야 퇴각로가 막혀 왕건조차 목숨을 잃을 지경에 처했어요. 이때 신숭겸은 왕건의 갑옷과 투구를 빼앗아 입고 후백제군을 유인하여 싸우다 장렬히 전사했어요. 그 틈을 타 왕건은 겨우 사지에서 탈출할 수 있었다고 합니다.

알면 재미있는 이야기

신숭겸의 묘

"아, 내가 부덕하여 충신을 대신 죽게 했구나."

왕건은 평생 이 사건을 애통해 했어요. 그리하여 통일을 이룬 다음 신숭겸의 충절을 기리기 위해 시호를 장절이라 하고 형제들을 조정에 등용했으며, 지묘사를 지어 그의 넋을 위로했어요.

- 복지겸

복지겸은 면천 복씨의 시조로서 왕건이 고려를 창업하는 데 지대한 공을 세운 인물이에요. 그 역시 궁예의 부하였지만 홍유, 배현경, 신숭겸 등과 함께 왕건을 확립하는 일에 앞장섰습니다. 고려가 개국한 뒤에는 왕건을 적대시하고 반란을 도모하는 세력들을 일일이 색출해 처단하는 역할을 맡았습니다.

복지겸은 뛰어난 정보망을 가지고 있어 개국 4일 뒤에 발생한 환선길의 반란을 미리 알아채 왕건에게 보고했고, 임춘길의 반란도 미연에 방지했을 정도였습니다. 하지만 복지겸은 개국일등공신이 되었다는 것 외에는 특별한 기록이 전해지지 않습니다.

고려의 창업을 예언한 도선국사

도선은 신라 말의 승려로 풍수지리설의 대가로 알려져 있기도 하고, 한편으로는 성은 김씨로 영암 출신이어서 신라 왕실의 후예라는 설도 있습니다.

15세에 출가하여 월유산 화엄사에서 승려가 되었고, 그 후 유명한 절을 다니면서 수행하다가 문성왕 때 곡성 동리산의 혜철대사에게 불법을 배우고 깨달음을 얻었다고 해요. 850년에는 천도사에서 구족계를 받은 뒤 운봉산에서 수도하기도 했고, 태백산에 움막을 치며 여름 한철을 보내기도 했습니다. 말년에는 전남 광양에 있는 백계산 옥룡사에서 수백 명의 제자들을 가르치기도 했어요.

도선국사는 승려보다는 우리나라 풍수지리의 시조로서 유명한데, 《도선비기》라는 상징적인 예언서에 고려의 건국을 예언하면서 이름을 떨쳤습니다. 875년에 도선은 "지금부터 2년 뒤에 반드시 고귀한 사람이 태어날 것이다."라고 예언하였고, 그 말대로 송악에서 태조 왕건이 태어났다고 합니다. 또한 예언에 그치지 않고 왕건에게 직접 왕으로서 갖추어야 할 지식과 무예 등을 가르친 스승이기도 했어요. 이 때문에 고려의 역대 국왕들은 그를 매우 존경했습니다.

도선은 옥룡사에 머문 지 35년째인 898년에 72세의 나이로 세상을 떠났어요. 현재까지 전해지는 도선국사의 책으로는 《도선비기》, 《송악명당기》, 《도선답산가》, 《삼각산명당기》 등이 있습니다.

도선국사 영정

아우들에게 시달린 혜종

(재위 : 943~945년)

　고려의 두 번째 임금 혜종은 태조 왕건의 맏아들로 이름은 '무'입니다. 혜종의 어머니는 나주 출신의 장화왕후 오씨였는데, 가문이 미미했으므로 여러 호족들의 권력다툼 속에서 아들을 지켜 주기가 어려웠어요.

　태조 왕건은 내심 무를 태자로 삼고 싶어 했지만 세 번째 왕비 신명순성왕후 유씨가 왕자 태를 낳게 되자 태자로 삼기가 불가능해졌습니다. 그래서 왕건은 장화왕후를 위로하기 위해 낡은 자황포를 상자에 넣어 주었어요.

　"무를 태자로 삼지 못할 것 같소. 하지만 내 마음만은 알아 주시길 바라오."

　그러자 장화왕후는 평소 사심이 없고 강직한 박술희를 불러 왕의 뜻을 전하고 도움을 청했어요. 그러자 박술희는 조정에서 장자계승원칙을 역설하며 왕자 무를 태자로 책봉할 것을 건의했습니다.

　"전하, 한 나라가 종묘사직을 길이 보전하려면 후사는 마땅히 장자에게 왕위를 물려주는 것이 마땅한 일입니다."

　"생각해 보니 경의 말에 틀린 데가 하나도 없구려."

왕건은 그 말을 듣자 기다렸다는 듯이 무를 태자로 삼았어요. 그러자 신명순성왕후의 친정인 충주 유씨 가문이 이를 반발하고 나섰습니다. 당시 유씨 가문은 박수경이 중심이 된 평산 박씨 가문과 돈독한 관계를 맺고 있었어요.

"태자의 기반이 튼튼해야 나라를 제대로 다스릴 수 있습니다."

"그렇다면 내가 태자의 기반을 든든히 세워주면 될 것 아니오?"

왕건은 이렇게 말하면서 태자의 후견인으로 박술희를 삼고 진천 임씨 집안에서 태자빈을 맞아들였어요. 또 경기 지방의 세력가인 왕규의 딸을 두 번째 부인으로 삼게 했어요. 그도 모자라 청주 김긍률의 딸을 세 번째 부인으로 삼아 충주 유씨의 세력을 견제하게 했어요. 이런 왕건의 노력으로 양측의 세력은 균형을 이루었지만 그것은 그가 살아있을 때의 일이었지요. 왕건이 세상을 떠나자 힘을 합한 호족들의 권력이 새 왕인 혜종의 세력을 짓누르게 되었으니까요.

일찍이 왕건은 북진정책을 뒷받침하기 위해 평양을 서경으로 삼고 많은 사람을 이주시켰는데, 그 곳에는 평산 박씨와 왕식렴 세력이 자리를 잡고 있었어요. 그들은 충주 유씨 세력과 함께 신명순성왕후 소생인 태, 요, 소를 비롯한 다섯 명의 아들을 지원하여 혜종의 자리를 위협했습니다.

943년에 왕위에 오른 혜종은 왕권을 넘보는 왕요, 왕소 등을 견제하려 했고 자신의 후견인인 박술희를 대광에 임명, 왕규를 조정에 끌어들여 세력을 강화했지요.

"왕이 측근들을 이용해 우리를 제거하려 하고 있다."

왕요와 왕소는 이렇게 생각하고 왕식렴과 힘을 합친 다음 청주의 호족 김긍률까지 포섭해서 혜종을 압박해 왔어요. 여기에 견훤의 사위이자 왕요의 장인인 박영규와 박수경, 박수문 등이 합세함으로써 양측의 저울추가 완전히 왕요 형제 쪽으로 기울어져 버렸어요.

'아아, 온 조정이 나에게서 등을 돌렸구나.'

그때부터 혜종은 매일같이 불안한 나날을 보내야 했어요. 이에 분개한 왕규는 임금을 불안케 하는 왕요 형제를 역모 혐의로 처벌하라고 혜종에게 아뢰었어요. 하지만 그들과 맞설 용기를 이미 잃은 혜종은 맏딸을 왕소의 두 번째 부인으로 삼게 하면서 이렇게 말했어요.

"부디 조정의 평온을 생각해 주시오."

혜종의 이런 몸부림은 쇠귀에 경 읽기와도 같았어요. 왕권에 눈이 먼 왕

요와 왕소는 이복형의 하소연쯤은 전혀 신경 쓰지 않았습니다. 그들은 우선 혜종의 버팀목이었던 박술희를 역적으로 몰아 귀양 보내 살해한 다음 정권을 장악하고 혜종을 압박했어요. 벌벌 떨던 혜종은 이윽고 병을 얻었고, 945년 9월 34세의 한창 나이에 세상을 떠나고 말았습니다.

혜종이 숨을 거둘 즈음 왕식렴이 이끄는 서경의 대군이 개경으로 진입했습니다. 그들은 끝까지 자신들에게 맞섰던 왕규를 체포해 역적으로 몰

아 처형했고, 수많은 신하들을 제거한 다음 적자인 흥화군을 제쳐두고 왕요를 왕으로 세웠습니다.

그렇게 해서 왕요는 고려의 제3대 정종으로 즉위했습니다. 정종은 즉위하자마자 반대파였던 왕규와 문무대신 등 무려 3백 명을 처형하는 만행을 저질렀어요. 이로 인해 서경파에 대항하던 개경의 조정 대신들은 한 명도 살아남지 못했습니다. 그런데 《고려사》에서는 거꾸로 왕규를 반란군으로 기록하고 있답니다. 이는 훗날 정종과 광종 대에 이루어진 역사 왜곡 때문일 것으로 짐작되고 있어요.

'아무래도 나를 후원하는 서경에 자리를 잡아야겠다.'

정종은 이렇게 천도를 계획하고 서경에 거대한 궁궐공사를 시작했습니다. 시중 권직을 책임자로 임명하여 시작된 이 궁궐 공사는 947년 봄부터 시작되었는데, 개경 백성들을 뽑아 부역에 동원함으로써 커다란 반발을 샀어요. 하지만 정종은 이에 아랑곳하지 않고 거란의 침입에 대비한다는 명목으로 30만 명의 군대를 조직하기까지 했습니다. 이런 거창한 생각은 매우 무모한 시도였어요.

이렇듯 겉으로 강인한 면모를 보인 정종이었지만 내면은 매우 여렸습니다. 불심이 깊었던 그는 내심 백성들의 어려움에 괴로워했고, 즉위 과정에서 너무나 많은 사람들을 죽인 것에 대해 깊은 죄책감을 갖고 있었어요.

'훗날 저승에 가서 무슨 낯으로 아버지를 뵐 수 있을까?'

이 때문에 정종은 손수 불사리를 받들고 십리 길을 걸어 개국사에 봉안하기도 했고, 곡식 7만 석을 풀어 각 사찰에 전하기도 했어요. 또 불명경보와 광학보를 설치하여 불교를 장려하고 승려를 양성하는 등 불교 진흥

정책을 썼습니다. 생전에 자신의 죄를 씻으려는 뜻이었지요.

948년 9월, 동여진의 대광 소무개 등이 고려에 말 7백 필과 토산물을 바쳤어요. 그러자 정종은 몸소 진상품을 살펴보다 갑작스런 우레 소리에 놀라 병을 얻게 되었습니다. 병석에 누운 정종은 결국 949년 3월, 세상을 떠나고 말았습니다.

무력으로 왕위를 빼앗은 지 겨우 4년, 나이 27세 때였습니다. 정종의 사망과 함께 서경 천도계획은 백지화되었고, 궁궐 공사 역시 중지되었어요. 그러자 고려의 백성들은 너나할것없이 거리로 뛰쳐나와 환호했다고 합니다.

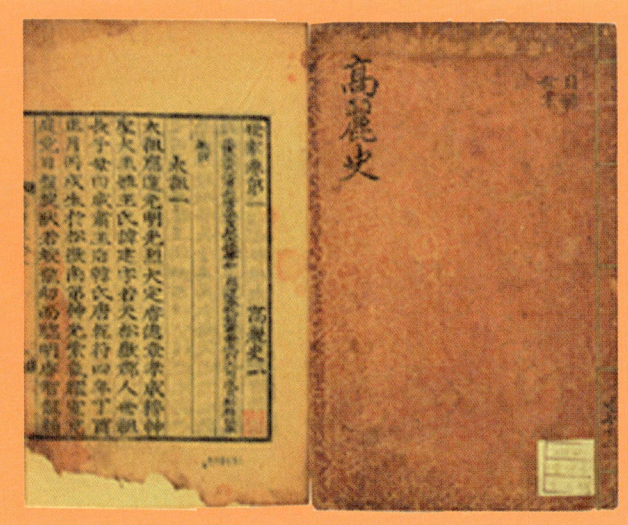

고려사

알면 재미있는 이야기

 사심관 제도

    고려 시대에 행해진 지방관 제도인 사심관 제도는 태조 왕건 때 신라의 마지막 왕인 경순왕 김부를 경주 사심관으로 삼은 데서 비롯되었어요. 그 후 고려의 개국공신들은 각자 자기 지방 출신의 사심관이 되어 민심을 수습하는 데 앞장섰지요.

    그 후 사심관 제도는 제도화되어 성종 때는 구체적으로 500정(16세 이상~60세 이하의 남자) 이상의 주에는 4명, 300정 이하의 주는 3명, 그 이하의 주는 2명이 사심관이 될 수 있도록 했고, 현종 초에는 아버지와 형제가 호장인 사람은 사심관이 될 수 없도록 했어요.

    이렇듯 사심관 제도는 고려 건국 초기 중앙집권체제의 확립을 위한 특수 관직이었으나, 한편으로는 관리로서 보다 높은 자리에 오를 수 있는 정치·경제적 기반도 될 수 있었기 때문에 중앙의 관원들은 서로 출신지의 사심관을 겸임하려고 경쟁했지요.

    "사심관만 되면 부귀영화가 평생 보장된다니까."

    명종 이후 중앙정부의 행정력이 약화되면서 사심관들은 나라의 땅을 함부로 사용하고 백성들의 재산을 가로채는 등, 원래의 목적과 너무 다른 착취기관이 되어 버렸어요. 이에 1283년에 충렬왕은 사심관 제도를 폐지했습니다. 그렇지만 호족들은 왕명에도 아랑곳하지 않고 스스로 사심관을 자처하며 온갖 나쁜 짓을 행했습니다.

충숙왕 역시 이런 사태를 없애기 위해 공식적으로 주와 현의 사심관 제도 폐지를 명하고, 사심관들이 차지하고 있던 땅과 노비들을 몰수했어요. 그럼에도 불구하고 사심관은 사라지지 않고 더욱 극성을 부려 지방민을 수탈하기도 했어요. 그래서 공민왕은 5도의 사심관이 되고 싶다는 신돈에게 이렇게 말했답니다.

"사심관은 도적과 같소."

이렇듯 고려 건국과 함께 시작된 사심관 제도는 고려가 멸망하기 직전 권력을 잡은 이성계에 의해 귀족들의 토지가 몰수되면서 완전히 사라졌습니다.

호족들을 억누르고 개혁에 성공한 광종

(재위 : 949~975년)

고려의 제4대 임금 광종은 태조의 넷째 아들로 이름은 '소'였어요. 치밀하고 조심스러운 성품이었지만 기회를 잡았을 때는 과감하게 밀어붙이는 단호한 인물이었지요.

왕자 시절 그는 형 왕요와 함께 왕실 세력의 핵심이었고, 평주의 박수경, 박수문 형제, 서경의 왕식렴 등과도 친분이 두터웠어요. 그래서 왕규와 박술희 등 개경 세력을 제거하고 정종이 즉위하는 데 커다란 공헌을 하기도 했어요. 광종은 이복형 혜종과도 가깝게 지내면서 서경 세력과 혜종 사이에 다리 역할을 하기도 했어요. 그래서 혜종은 광종에게 자신의 딸을 주면서까지 회유하기도 했습니다.

광종은 즉위 후 약 7년여 동안 태조의 결혼 정책으로 인해 빚어진 호족들의 득세를 조용히 지켜보기만 했어요. 그 동안 나라는 강력한 외척 세력이었던 충주 유씨와 평산 박씨, 청주 김씨 가문들에 의해 다스려졌어요. 하지만 반란과 대립이 극심했던 이전 시대에 비해 매우 평온한 세월이었으므로 대 학자 최승로는 이 시기를 태평성대라고 칭송하기까지 했습니다. 그렇지만 광종은 그 사이 호족들을 누르고 왕권을 확립할 기회만을 노리고 있었어요.

'아직은 내 힘이 약해 저들을 이길 수 없겠다. 하지만 언젠가 기회가 오겠지.'

광종은 우선 고려의 대외적인 위치를 높이기 위해 950년에 '광덕'이란 독자적인 연호를 선포했습니다. 이는 당시 중국 대륙에서는 후한이 몰락하고 후주가 일어서고 있던 혼란기였기 때문에 가능한 일이었지요. 하지만 951년 후주가 중국의 주인이 되자 그때부터 고려는 후주의 연호를 사용했어요. 이는 중국과의 친교를 통해 북방의 여진과 거란을 견제해야 했기 때문이었지요.

"다른 나라와 친해 두어야 우리나라를 잘 다스릴 수 있는 법이야."

이렇듯 외교관계를 잘 마무리 지은 광종은 민심을 자신의 편으로 끌어들이기 위해 불교를 장려했어요. 951년에는 개성 남쪽에 대봉은사를 세워 태조의 위패를 모셨고, 개성 동쪽에도 세워서 신명순성왕후를 모셨습니다. 954년에는 숭선사를 짓고, 중소 호족들의 지지를 얻고 있던 화엄종 승려 균여와도 친교를 맺었어요.

이런 정책은 광종의 정치적 토대를 강화시켜 주었어요. 그렇게 7년이 지난 뒤 광종은 비로소 왕권 강화의 기지개를 켜기 시작했습니다. 그리하여 그는 속으로 이렇게 다짐했어요.

'이젠 나의 뜻을 펼 때가 되었다. 호족들에게 휘둘리는 고려를 다음 대에까지 물려줄 수는 없지.'

953년 후주로부터 고려국왕으로 공인받은 광종은 후주의 2대 임금 세종에게 청하여 사신으로 왔던 쌍기란 인물을 고려 조정에 받아들였어요. 그러자 쌍기는 후주에서 성공시킨 개혁을 고려에서도 행할 수 있다고 광종을 설득했어요.

이에 광종은 쌍기의 뜻에 따라 과감한 개혁을 시작했습니다. 그 첫 번째 개혁은 노비안검법이었어요. 956년에 시행된 노비안검법은 일종의 노비해방법이었어요. 당시 호족들이 거느리던 노비의 대부분은 고려의 통일전쟁 과정에서 포로로 붙잡힌

양민이나 억울하게 노비로 전락한 평민들이었어요. 이들은 호족들의 경제적, 정치적 기반이었기 때문에 이들이 원래의 신분으로 되돌아간다는 것은 곧 호족들의 힘이 약해진다는 것을 뜻했지요.

"어라, 왕이 우리에게 왜 이렇게 대할까?"

광종이 갑자기 변하는 모습을 보이자 호족들은 어리둥절해졌어요. 그때까지 왕은 자신들의 허수아비나 다름없다고 여겨왔기 때문이에요. 그래서 호족들은 다양한 방법으로 광종에게 압력을 넣었어요. 광종의 부인인 대

목왕후까지 나섰지요.

"노비안검법의 시행으로 호족들의 반발이 심합니다. 제발 마음을 바꾸세요."

"그럴 수 없소. 다 백성들을 위해 하는 일이니 부인은 참견하지 마시오."

이때 광종은 단호하게 외부의 압력을 외면하곤 개혁의 채찍을 더욱 거세게 휘둘렀습니다. 958년에 광종이 과거제도를 시행하자 무관 출신들이 대부분이었던 호족 세력들은 몹시 당황했어요. 조정의 요직을 문관들에게

빼앗기게 되었으니까요.

"아무래도 왕이 변한 것 같아. 대책을 세우지 않으면 곤란하겠어."

사태가 심상치 않음을 알게 된 호족들은 은밀히 힘을 모으기 시작했어요. 그러자 광종도 물러서지 않고 근위병의 수를 늘려 그들의 기습에 대비했어요. 그로 인해 호족들은 광종을 어떻게 하지 못한 채 양측의 긴장감은 높아져만 갔어요.

'이 기회를 놓치면 다시는 왕권을 되찾을 수 없겠다.'

이렇게 생각한 광종은 그때부터 무서운 철권통치를 시작했어요. 960년부터 975년까지 16년 동안 광종은 왕권에 장애가 된다고 여기는 인물이 있으면 멀고 가깝고를 떠나서 닥치는 대로 목숨을 빼앗았어요.

"내 뜻을 어기는 자가 있다면 누구든지 살려두지 않겠다."

그리하여 광종은 조정에서 강력한 세력을 갖고 있던 왕동과 준홍을 쫓아내는 한편, 태조 이래 최고의 권력을 행사하던 평산 박씨 세력을 몰락시키는 데 성공했어요. 평산 박씨는 황해도 지역의 호족으로 3명의 후비를 배출했고, 서경의 왕식렴과 더불어 정종과 광종의 즉위를 도운 일등공신이었어요. 하지만 광종은 평산 박씨의 대표격인 박수경의 세 아들을 한꺼번에 역모죄로 몰아 목숨을 빼앗았어요. 그로 인해 박수경은 갑자기 병에 걸려 세상을 떠났습니다.

그 후에도 광종은 혜종의 아들 홍화군, 정종의 아들 경춘원군을 처형했고, 반기를 드는 수많은 호족들을 남김없이 제거했어요. 살아남은 호족들은 두려움에 떨며 저마다 바짝 고개를 낮출 수밖에 없었습니다.

그렇지만 광종은 호족들에게만 난폭했을 뿐 자신의 개혁을 뒷받침해 준

쌍기 등 귀화인들에게는 매우 친절한 왕이었어요. 신하들의 집을 빼앗아 귀화인들에게 나누어 주기까지 했으니까요. 이에 강직한 신하 서필은 광종을 정면에서 비판했습니다.

"전하께서 귀화인들을 대접하기 위해 무분별한 정책을 펴시니 신하로서 목숨을 걸고 말씀드리지 않을 수 없습니다. 우리 집도 빼앗기기 전에 바칠 터이니 저들에게 나누어 주십시오."

그러자 광종은 자신의 행동을 반성하고 그 뒤로는 귀화인들에게 지나친 대접을 자제했습니다. 이처럼 광종은 충신의 말에 귀를 기울일 줄 아는 현명한 왕이었어요.

965년, 광종은 자신의 칼날에 쓰러져간 혼백들을 위로하고 민심을 안정시키기 위해 나라 안에 많은 절을 세우고 승려 혜거를 국사, 탄문을 왕사로 삼아 성대한 법회를 열었어요. 또 972년에는 대사령을 내려 죄인들을 풀어주었고, 과거를 실시해 인재를 등용했어요. 이런 점에서 볼 때 광종의

용주사
854년(신라 문성왕 16)에 염거조사가 창건, 952년(고려 광종 3)에 소실되었다가, 사도세자의 넋을 위로하기 위해 아들인 정조 임금이 1790년에 새로 지은 절

공포정치는 짧은 시간 내에 개혁을 완성하기 위한 극약처방이었음을 알 수 있습니다.

이런 광종의 노력으로 고려는 크게 발전해서 960년 '준풍'이라는 독자적인 연호를 쓸 정도로 강한 나라가 되었어요. 그러자 광종은 개경을 황도, 서경을 서도라 부르며 고려가 중국의 주변국가가 아니라 당당한 황제국임을 선언했습니다.

그러면서도 광종은 급변하는 국제 정세를 살피는 일을 잊지 않았어요. 중국에서 후주가 몰락하고 송나라가 일어나자, 광종은 송나라의 연호를 쓰는 등 매우 유연한 정치를 폈어요. 그와 함께 중국의 발전된 문물을 받아들여 문화 발전을 꾀했고, 외적의 침입에 대비하여 군사력을 강화시키는 일도 게을리 하지 않았습니다.

이처럼 왕위에 있는 동안 수많은 일화를 남긴 고려의 혁명가 광종은 975년 51세의 나이로 세상을 떠났어요. 하지만 그가 쌓아올린 강력한 왕권과 국력은 오래도록 고려를 지탱하는 힘이 되었답니다.

광종의 뒤를 이어 태자 '주'가 고려 제5대 임금 경종이 되었어요. 경종은 즉위하자마자 대사면 명령을 내려 귀양 갔던 신하들을 불러들이고 옥에 있던 죄인들을 풀어주는 등 민심을 안정시켰어요. 또한 광종의 공포정치를 정리하기 위해 호족 출신의 왕선을 관직에 임명하기도 했어요.

요직에 오른 왕선은 살아 남은 호족들의 의견을 받아들여 복수법을 공포했어요. 이에 따라 광종 때 억울하게 피해를 입은 사람들이 한풀이식 복수전을 펼치기 시작했어요. 이 무분별한 법으로 수많은 사람들이 죽게 되었는데, 효성태자와 원녕태자 등 왕실의 어른까지도 피해를 입게 되었어요.

이에 깜짝 놀란 경종은 왕선을 쫓아내 귀양 보내고 순진과 신질을 좌우 집정에 임명하여 권력을 분산시킨 다음 토지제도인 전시과를 시행하여 개혁 정책을 시행했어요. 977년에는 왕이 친히 진사시를 주관하여 고응 등 여섯 사람을 급제시켰으며, 979년에는 발해 유민 수만 명을 받아들이기도 했어요. 그리하여 오랜만에 고려는 안정된 모습을 보였어요.

그렇지만 평화의 시기는 오래가지 않았어요. 오랫동안 조정을 떠나 있던 최지몽이 내의령이 되어 실세로 등장하면서 정적 왕승을 제거하기 위해 역모사건을 터뜨렸으니까요. 최지몽은 라이벌과의 권력투쟁에서 승리한 뒤 정사를 도맡아 행했어요.

'내가 애쓰지 않아도 나라는 평안하겠구나.'

그때부터 경종은 나태해지기 시작했어요. 매일같이 여색과 바둑으로 시간을 보냈고 나랏일은 전혀 돌보지 않았지요.

그렇게 허송세월을 보내던 경종은 981년 병석에 누운 뒤 한 달 만에 숨을 거두었어요. 경종은 불과 27세의 나이로 세상을 떠났는데, 이는 훗날 목종 대에 이르러 그의 세 번째 왕비인 헌애왕후 황보씨가 김치양과 추문을 남기게 되는 빌미가 되었답니다.

알면 재미있는 이야기

 향가로 불법을 펼친 균여대사

　균여의 성은 변씨였는데 고려 태조 5년인 923년 8월 8일에 황주의 북쪽에 있는 형악의 남쪽 기슭에서 태어났어요. 균여의 어머니 점명은 60세 때 황색 봉황새 한 쌍이 품에 들어오는 꿈을 꾸고는 그를 낳았다고 합니다. 하지만 아기의 모습이 너무나 추하고 못생겨서 부모가 거리에 내다 버렸더니 두 마리의 까마귀가 날아와 아기를 감싸주었어요. 그러자 사람들이 기이하게 여기고 부모에게 말했어요.

　"아기의 모습이 비록 못생겼지만 동물이 감싸는 것을 보니 훗날 반드시 큰 인물이 될 것이오."

　균여의 부모는 하는 수 없이 아기를 데려와 대나무 상자 안에 담아둔 채 젖을 먹여 키웠어요. 과연 균여는 매우 총명해서 포대기에 싸인 채 불경을 읽었다고 합니다.

　균여는 15세 때 부흥사에 들어가 식현의 제자가 되었고, 영통사에 들어가 불도에 정진했어요. 또한 백성들이 불교를 쉽게 접할 수 있도록 《보현십원가》라는 향가 11수를 지어 널리 퍼뜨렸습니다. 또 당시 남악파와 북악파로 분열된 불교계를 한데 모으는 큰일을 해냈어요. 광종 9년에는 시관이 되어 유능한 승려들을 가려 뽑았고, 광종의 개혁 정책을 적극적으로 지원해 주었어요. 그리하여 광종은 그를 위해 귀법사를 지어주기까지 했습니다. 균여대사는 광종 24년인 973년에 귀법사에서 열반(涅槃)했습니다.

　1075년 고려 문종 때 혁련정은 그를 기리며 《균여전》이라는 전기를 썼는데, 그 안에 균여가 지은 향가가 실려 있답니다.

영통사
균여대사가 불도에 정진했던 절

유교의 정치이념을 실현한 성종

(재위 : 981~997년)

조선에 태종과 세종이 있었다면 고려에는 광종과 성종이 있었지요. 전 대의 왕이 왕권에 영향을 줄 수 있는 신하들을 제거하고 나면, 뒤를 이은 왕은 훌륭한 정치로 나라의 기틀을 잡고 백성들을 편안하게 다스렸어요.

짧은 경종의 시대를 이어받은 고려의 제6대 임금 성종은 왕자 시절부터 뛰어난 인품과 유학지식으로 명성이 자자했어요. 22세의 젊은 나이에 왕위에 오른 그는 불교보다는 유교를 중심으로 나라를 다스리려 했어요. 성종은 연등회와 팔관회 등 불교행사를 폐지하는 등 불교를 억압하고 전국 각처에 유학교육기관을 세워 충효사상을 널리 가르치도록 했어요. 그와 함께 유학자들과 신하들에게 이렇게 명했어요.

"어떻게 해야 나라를 잘 다스릴 수 있는지 방법을 연구한 다음 보고하도록 하라."

성종은 신하들이 올린 수많은 보고서 가운데 최승로의 《시무28조》를 선택했어요. 이윽고 성종은 983년에 최승로를 문하시랑 평장사로 임명한 다음 고려의 체제정비작업에 박차를 가했습니다.

우선 성종은 고려의 관제를 당나라의 제도 3성 6부제를 모방하였고 지방을 10도 12목으로 나누었어요. 3성 6부는 중서성·문하성·상서성의 3성과 이·호·예·병·형·공의 6부를 가리킵니다. 10도는 경기·충청·강원·전라·황해·함경 등으로 국토를 크게 구분 지은 것이고, 12목이란 고려 초기에 호족들의 근거지인 양주·광주·충주·충주·공주·해주·진주·상주·전주·나주·승주·황주 등을 중앙관제에 편입시킨 것입니다.

"나라의 발전에 교육을 빠뜨릴 수 없지."

그와 함께 성종은 개경에 고려의 국립대학인 국자감을 설치하고, 지방에도 유학을 가르치는 학교를 세웠어요. 국자감에서는 유교의 경전인 《논어》, 《주역》, 《예기》, 《효경》 등을 가르쳤고, 지방학교에서는 의학, 지리, 율서, 산학 등 잡학도 가르쳤어요. 이때 학생들에게는 토지를 줘서 편하게 공부할 수 있도록 하였고, 해마다 과거를 통해 지방의 뛰어난 인재를 가려 뽑아 관리로 삼았습니다.

이와 같은 성종의 유학장려정책은 타성에 빠져 있던 귀족계층에 커다란 위협이 되었어요. 당시에는 정 5품 이상 귀족의 자식들이 시험을 치르지 않고도 관리가 될 수 있는 음서 제도가 있었지만, 열심히 공부해 과거에 합격한 사람과는 경쟁이 되지 않았어요.

"저 사람은 과거도 보지 않고 관리가 되었다는군."

"음, 잘난 부친 덕에 벼슬을 얻었구먼. 일이나 제대로 할 수 있겠어."

사람들로부터 이런 소리를 듣게 되면 얼굴을 들고 나다닐 수가 없었어요. 또 과거합격자들에 비해 승진이나 여러 가지 면에서 차별되었지요. 그

러므로 귀족의 자식들도 음서 제도보다는 과거를 통해 관직에 나아가고자 했어요. 이는 자연스럽게 고려 사회에 유학을 퍼뜨리는 효과를 가져왔습니다.

이처럼 고려가 내부 개혁을 활발히 진행시키고 있을 때 강성한 이웃나라 거란이 시비를 걸어왔어요. 고려 침공의 구실을 찾고 있던 거란은 고려가 차지하고 있는 옛 고구려의 영토를 내놓으라고 협박하고 나섰습니다. 이에 고려 조정은 단호하게 거절했습니다.

"우리 고려야말로 고구려의 뒤를 이은 나라이므로 너희들이 가진 땅을 내놓아라."

그러자 거란은 993년 10월 소손녕에게 대군을 주어 고려를 침략해 왔어

강동 6주

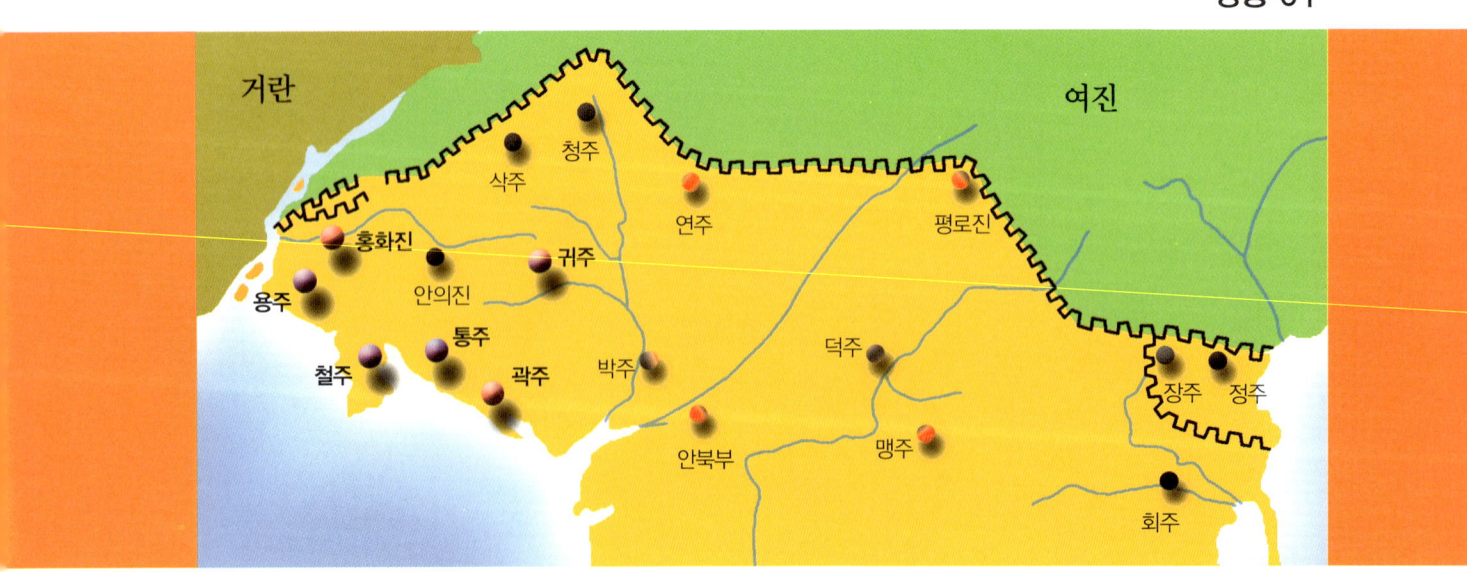

요. 이때 성종은 시중 박양유와 서희, 최량을 장군으로 삼고 친히 군사를 이끌고 서경에 가서 진을 쳤어요. 하지만 거란군은 파죽지세로 봉산군을 함락시키고 많은 고려군을 포로로 붙잡았습니다.

이때 서희가 봉산으로 가서 항복을 권유하는 소손녕과 담판을 벌였어요. 그 자리에서 서희는 논리정연한 설득으로 소손녕을 감복시켜 거란의 군대를 철군하게 했고, 압록강 동쪽에 있는 6주를 얻어내기까지 했지요. 그야말로 전화위복이 된 셈이었어요. 그리하여 고려의 영토는 압록강 변까지 넓어졌고, 고려와 거란 사이에 끼어 있던 여진족은 세력이 매우 약해졌습니다.

"전화위복이란 바로 이런 때 쓰는 말이로군."

그때부터 고려는 중국의 송나라와는 문화와 정치적인 교류를, 거란과는 군사 교류를 통해 화친하면서 평화로운 시대를 맞이할 수 있었어요. 이렇듯 16년 동안 고려의 안정과 번영을 위해 노력했던 성종은 997년 병을 얻어 38세의 한창 나이에 세상을 떠났습니다. 그는 죽기 전에 자신의 건강 회복을 위해 대사면령을 내리자는 신하들의 제안을 이렇게 뿌리쳤어요.

"사람의 명은 하늘에 달려있는 법, 내 어찌 죄인들을 용서하여 정해진 수명을 늘리려 하겠는가. 또 내가 먼저 대사면령을 내리고 죽으면 뒤를 이어 즉위한 왕은 무슨 방법으로 백성들에게 은혜를 베풀 수 있겠는가."

이렇듯 현군 성종은 현명하고 인자한 왕답게 죽을 때까지 자신보다는 백성을 생각했어요. 그래서 많은 백성들은 그의 죽음을 진심으로 슬퍼했다고 합니다.

알면 재미있는 이야기

 성종의 개혁을 뒷받침한 최승로의 《시무 28조》

최승로는 경주 출신으로 어렸을 때는 태조 앞에서 논어를 잘 읽어 말 안장과 식량 20석을 상으로 받았고, 원봉성의 학생이 되었어요.

청년기인 광종 때에는 관리가 되어 학문과 관련된 일을 했어요. 이윽고 경종을 거쳐 왕이 된 성종이 정 5품 이상의 관리에게 시무와 관련된 상소를 올리도록 명하자, 당시 나이 56세였던 최승로는 오랜 정치 경험과 지혜를 바탕으로 28조로 된 긴 시무책을 만들어 올렸습니다. 그러자 성종은 뛰어난 그의 생각을 받아들여 일대 개혁을 시작하게 되었어요. 최승로의 상소문은 다음과 같이 크게 세 부분으로 나누어집니다.

첫째, 상소문을 올리게 된 배경으로, 옛날 당나라의 사관 오긍이 《정관정요》를 편찬하여 태종에게 올린 것처럼, 자신도 임금이 나라를 잘 다스릴 수 있는 방법을 알리고자 이 글을 썼음을 밝혔어요.

둘째, 고려 태조에서 경종에 이르는 5대조의 정치를 평가하고, 그 가운데 옳았던 정책을 선택해야 한다고 설득했어요. 태조에게는 넓은 도량과 포용력을, 혜종에게는 왕족간의 우애를 지키려는 마음을, 정종에게는 사직을 보존하려는 의지를, 광종에게는 공평무사함을, 경종에게는 현명한 판단을 배우도록 하라는 것이었지요. 한편 그들의 실수도 낱낱이 지적하여 성종이 좋은 점만을 따르도록 했습니다.

셋째, 최승로 자신이 구상한, 나라를 잘 다스리는 28가지 방책을 자세히 밝혔어요. 시무 28조란 바로 이 부분을 말한답니다.

    최승로는 여기에서 우선 국방의 중요성을 설명했고, 불교와 승려에 대해 지나친 예우를 해서는 안 된다고 역설했어요. 또 유교를 진흥시켜 왕도정치를 실현해야 한다고 주장했습니다. 한편 광종 대처럼 시위군을 강화시키고, 궁중의 노비를 줄여 군주가 신하를 예우하는 자세를 보여야 하며, 공신들의 자손들에게 관직을 줄 것과, 국가의 번잡한 제사를 줄이고 군주가 유교적 몸가짐을 가져야 할 것 등을 건의했어요. 그 외에도 지방을 다스리는 법, 신분제도, 사회기강에 관한 내용이 포함되어 있습니다.

    이와 같은 최승로의 정책을 받아들인 성종은 최승로를 믿고 의지하며 나라를 다스렸어요. 그래서 최승로가 나이가 많다는 이유로 여러 차례 벼슬을 그만두려 했을 때 성종이 간곡히 말리곤 했지요. 최승로가 989년 63세를 일기로 세상을 떠나자 성종은 몹시 슬퍼했습니다. 실로 최승로는 개혁을 이끌되 성급하지 않았고, 중앙집권화를 피하되 결코 호족 세력을 무시하지 않았으며, 서민들의 삶을 다독이는 등 매우 현명한 정치가였지요.

논리정연한 화술로 국토를 넓힌 서희

    서희는 광종 때 올곧은 신하였던 서필의 둘째 아들입니다. 광종 11년인 18세 때 과거에 급제하여 조정에 나왔는데, 972년 송나라에 사신으로 가서 오랫동안 끊어졌던 두 나라의 관계를 회복시

알면 재미있는 이야기

서희의 초상화

키는 데 큰 공을 세웠어요. 이때 송 태조는 서희의 절도 있는 행동과 예절에 감복하여 검교병부상서 벼슬을 내리기도 했어요.

993년 서희가 정 2품 내의시랑에 있을 때 거란의 소손녕이 80만 명의 대군을 이끌고 고려를 침공해 왔습니다. 당시 거란은 요나라를 세우고 중원을 위협하고 있었는데 고려가 송나라와 가까워지자 불만을 품은 것이지요. 그때 거란군의 지휘관 소손녕은 고려 조정에 편지를 보내 이렇게 협박했어요.

"우리가 이미 발해를 멸망시켜 고구려의 옛 땅을 차지하고 있는데, 고려가 그 땅을 침입하였으므로 정벌에 나선 것이다. 항복하지 않으면 전 국토를 짓밟아 버리겠다."

이에 고려 대신들 가운데는 항복해서 서경 이북의 땅을 거란에 넘겨주자는 사람들이 많았어요. 하지만 서희는 강력하게 반대했어요.

"전쟁의 승패는 병력의 많고 적음에 있는 것이 아니라 적의 약점을 어떻게 이용하느냐에 있습니다. 우리가 끝까지 싸우지 않는다면 저들은 우리를 언제까지나 업신여길 것입니다. 우선 제가 소손녕을 만나보겠습니다."

그때 소손녕은 봉산군을 함락시키고 안융진까지 점령하고 있었어요. 서희가 찾아오자 소손녕은 무서운 표정을 지으며 말했어요.

"고구려의 옛 땅은 거란의 것이니 즉시 반환하라. 또 국경을 마주하고 있는 우리 요나라를 섬기지 않고 바다 건너 송나라를 섬기는 이유를 해명하라."

이에 서희는 대답했어요.

"우리 고려는 고구려를 계승하고 있다. 국호도 그렇거니와 고구려의 수도였던 평양을 서경으로 삼고 있는 것이 그 증거이다. 그러므로 우리는 당연히 고구려의 옛 땅을 차지할 권리가 있다. 거란의 도읍인 요양도 우리 땅이지만 양국간의 관계를 고려해 입을 다물고 있는 것이다. 사실 우리가 너희들과 외교관계를 맺지 못한 것은 중간에 있는 여진족 때문이다. 여진족을 뚫고 양국이 교통할 수만 있다면 지금 당장이라도 외교관계를 맺지 못할 이유가 없다."

이와 같은 서희의 논리정연한 반론에 소손녕은 말문을 잃었어요. 그리하여 거란의 왕에게 사람을 보내 어떻게 대처할까를 물었어요. 그 결과 거란은 양국이 화의를 맺는 조건으로 고려가 압록강 동쪽 지역의 여진족을 공격하는 일에 참견하지 않기로 약속한 다음 군사를 철군시켰어요.

"서희가 정말 큰일을 해냈구나."

큰 싸움을 각오하고 있던 성종은 서희의 활약으로 한시름 놓게 되었지요. 왕은 일부 신하들의 반대에도 불구하고 즉시 박양유를 거란에 사신으로 보내 외교관계를 맺었어요. 그와 함께 서희에게 군사를 주어 여진족을 공격하게 했습니다.

이듬해부터 서희는 압록강 동쪽에 있는 여진족을 몰아내고 장흥진, 귀화진, 곽주, 구주 등 강동 6주의 기초가 되는 성을 쌓았어요. 이로 인해 고려의 국경은 압록강 유역까지 넓혀졌지요. 이는 훗날 조선의 국경이 압록강에서 두만강 유역까지 확장되는 기반이 되었답니다. 이처럼 국토 회복에 커다란 공을 세운 서희는 998년 56세의 나이로 세상을 떠났습니다.

강동 6주의 용주성 성벽

목종에서 인종까지

고난을 넘어 태평성대로

천추태후의 치마폭에 휘둘렸던 목종
(재위 : 997~1009년)

거란의 침입에 당당히 맞선 현종
(재위 : 1009~1031년)

태평성대를 이끈 문종
(재위 : 1046~1083년)

고려 문화의 발전을 가져온 선종
(재위 : 1083~1094년)

우리나라 최초의 화폐를 만든 숙종
(재위 : 1095~1105년)

여진과 한판 승부를 벌인 예종
(재위 : 1105~1122년)

이자겸과 묘청의 난을 겪은 인종
(재위 : 1122~1146년)

목종은 어머니 천추태후의 치마폭에 휘둘려 아무런 업적도 쌓지 못했어요. 천추태후가 김치양과 더불어 나라를 어지럽히자 강조가 정변을 일으켜 현종을 즉위시켰어요. 이 일을 기회로 고려를 호시탐탐 노리던 거란이 쳐들어왔어요. 이때 강감찬 장군이 뛰어난 전략을 발휘해 거란군을 전멸시켰어요. 이 승리가 유명한 귀주대첩이랍니다. 이때부터 고려는 안정을 찾고 번영하기 시작했어요. 해동공자 최충으로 인해 유학이 크게 번성했고, 대각국사 의천의 천태종이 불교를 이끌었어요. 그리하여 문종에서 숙종 대에 이르기까지 고려는 태평성대를 누렸지요. 인종 대에 이르러 고려는 이자겸과 묘청의 연이은 난으로 흔들리기 시작했고, 그 결과 김부식을 비롯한 개경의 문신들이 세력을 장악해 다가올 무신정권의 빌미를 제공하게 되었습니다.

천추태후의 치마폭에 휘둘렸던 목종

(재위 : 997~1009년)

성종은 나라를 잘 다스렸지만 후계자는 정말 잘못 골랐어요. 18세로 왕위에 오른 목종은 효성이 너무나도 지극했지만 어머니 헌애왕후의 허수아비였으니까요. 여장부였던 헌애왕후는 목종의 나이가 어리다는 핑계로 임금을 대신해 나라를 제멋대로 다스렸습니다. 뿐만 아니라 애인인 김치양을 조정에 불러들이기까지 했어요.

"이제 우리 세상이 왔으니 이리저리 눈치 볼 필요가 없겠어요."

"물론이오. 나는 태후만 믿습니다."

헌애왕후와 김치양은 그렇게 한 통속이 되어 궁궐을 자신들의 안방으로 만들었어요. 김치양은 성종 때부터 천추궁을 들락거리며 헌애왕후와 정을 통하다 발각되어 귀양살이까지 했던 사람이었어요. 하지만 성종이 세상을 떠난 뒤에는 다시 궁궐로 돌아와 천추태후로 자처한 헌애왕후와 부부 행세를 서슴지 않았어요. 이에 힘없는 조정의 대신들은 아무런 항의도 하지 못했습니다.

'우리 남편에게 어울리는 벼슬을 주어야지.'

천추태후는 김치양에게 우복야 겸 삼사사라는 높은 벼슬을 주었고 김치양은 거만을 떨며 권력을 휘둘렀어요. 그러자 수많은 사람들이 그에게 뇌물을 바치며 벼슬자리를 얻었습니다. 그로 인해 고려 조정은 엉망진창이 되었지만 두 사람은 아랑곳하지 않았어요.

의기양양해진 김치양은 재물이 쌓이자 무려 3백간이나 되는 저택을 짓고 호화스럽게 치장하며 떵떵거리면서 살았습니다. 또 백성들을 강제로 동원해 자신의 사당을 짓기도 했어요. 이에 백성들의 원성이 하늘을 찔렀어요.

'어머니를 이용해 부귀영화를 누리는 김치양을 내버려두면 안 되겠다.'

나이가 든 목종은 김치양의 못된 짓을 알고 여러 차례 그를 없애려 했지만 그 사실을 눈치챈 천추태후의 방해로 뜻을 이루지 못했어요. 그리하여 효성스러운 목종은 고민 끝에 자신의 뜻을 접고 말았어요. 이후 조정은 계속 어지러워지고 김치양의 횡포는 점점 심해져 갔습니다. 그 현실을 어찌지 못한 목종은 깊은 절망에 빠졌습니다.

'아아, 정말 내가 할 수 있는 일이 없구나.'

그때부터 자포자기의 심정이 된 목종은 정사를 외면하고 엉뚱한 행동을 하기 시작했어요. 궐내에 있던 유행간이란 미남자와 동성연애에 빠져들었던 거지요. 왕의 총애를 받은 유행간은 곧 합문사인이란 벼슬을 얻었고, 그 역시 김치양과 마찬가지로 조정의 신하들을 무시하며 갖은 횡포를 부렸어요. 얼마 뒤 유행간은 미남자인 유충정을 궐내에 불러들인 다음 함께 조정을 어지럽혔어요.

천추태후와 목종이 이처럼 빗나간 애정 행각을 벌이는 통에 고려는 점점 도탄에 빠져들었지요. 그런 가운데 천추태후가 1004년에 김치양의 아들을 낳았어요. 그러자 두 사람은 엄청난 계획을 꾸미기 시작했습니다.

"우리 아들을 다음 대의 왕으로 앉힙시다."

"그래요. 그래야만 우리가 평생 호강하며 편안하게 살 수 있어요."

이런 음모를 꾸밀 수 있었던 것은 당시 목종이 병약한 데다 자식이 없었기 때문이었어요. 당시 고려의 정상적인 왕위계승자는 대량원군 왕순이었는데, 천추태후와 김치양은 그를 죽이고 자신들의 아들을 태자로 삼으려 했어요. 하지만 주변의 눈길을 의식한 천추태후는 대량원군을 강제로 숭교사의 승려가 되게 했어요. 그리곤 얼마 뒤 그를 삼각산 신혈사에 머물게 한 다음 수차례 자객을 보내 목숨을 빼앗으려 했습니다. 하지만 대량원군은 그때마다 가까스로 위기를 넘기곤 했어요.

이와 같은 엄청난 음모가 진행되고 있는 가운데 목종은 숭교사에 불사를 행하고 돌아오는 길에 폭풍을 만나고 나서 병을 얻게 되었어요. 그리고 얼마 뒤, 궁궐에서 연등회를 열다 기름 창고에 불이 붙어 천추전을 비롯해 궁궐과 창고 일부가 소실되자 아예 자리에 눕게 되었어요.

'이 모두가 하늘이 노한 탓이다.'

목종은 이렇게 스스로를 탓하며 눈물을 흘렸어요. 이윽고 죽음이 가까웠음을 깨달은 목종은 충신인 채충순과 최항을 은밀히 불러 대량원군에게 후사를 잇게 하겠다는 뜻을 알렸어요. 그리곤 하루빨리 대량원군을 궁궐로 데려오라고 명했습니다.

한편 천추태후는 왕의 목숨이 얼마 남지 않은 것을 알고 계획대로 김치양의 아들을 왕위에 올리기 위해 신경을 곤두세웠어요. 그런데 서경에 있는 무장 강조가 눈에 가시처럼 걸렸어요.

"강조를 잡아 죽이지 않으면 아무래도 불안해요."

"그렇다면 그를 도성으로 불러들인 다음 역모죄로 처단하면 되지 않겠소."

천추태후는 김치양의 조언대로 강조에게 사람을 보내 개경으로 오라는 왕명을 조작해 전달했어요. 우직한 성품의 강조는 왕명을 받자 곧 서경을 출발해 개경으로 향했어요. 그러던 도중 최창이란 사람이 길을 막아섰습니다.

"장군, 길을 멈추십시오. 천추태후와 김치양이 거짓 왕명으로 장군을 유인해 죽이려는 것입니다."

"그들이 왜 나를 노린다는 거지? 알 수 없는 노릇이군."

어리둥절한 강조는 일단 서경으로 돌아가 무슨 영문인지 알아보았어요. 그런데 개경에 있던 강조의 아버지가 사람을 보내 이렇게 채근했어요.

"임금은 이미 죽고 없으니 속히 병사들을 이끌고 달려와 국난을 평정하라."

그러자 강조는 5천 명의 군사를 이끌고 개경으로 출동했어요. 그러나 개경 가까이에 있는 평주에 이르러서야 목종이 살아 있다는 사실을 알게 되었습니다.

'이런, 큰일이로군. 전하께서 아직도 정정하신데 군사를 함부로 움직였으니 반역죄를 면할 길이 없겠구나.'

그러자 천추태후의 측근이 이렇게 부추겼어요.

"이미 돌이킬 수 없는 일입니다. 이대로 계속 개경으로 진군하여 왕을 폐하고 새로운 왕을 세운다면 장군의 세상을 열 수 있습니다."

"다른 방법이 없군. 좋다, 개경으로 가자."

이렇게 해서 강조는 군대를 이끌고 개경으로 달려갔어요. 강조의 대군이 몰려오고 있다는 소식을 들은 목종은 천추태후와 함께 법왕사로 몸을 피했어요. 당시 피폐한 고려 조정은 왕도인 개경을 지킬 만한 변변한 군사조차 없었답니다.

이윽고 아무런 저항 없이 궁궐을 장악한 강조는 목종을 폐위시킨 다음 김치양 부자와 유행간, 유충정 등 나라를 어지럽힌 간신들을 모조리 잡아 죽였어요. 또 천추태후에 아부하던 신하 30여 명에게 유배형을 내렸어요. 그런 다음 신혈사에 있던 대량원군을 모셔와 왕위에 올렸어요. 아버지의 편지 한 장으로 엉겁결에 군사를 일으킨 강조는 이렇게 해서 고려의 정권을 쥐게 되었습니다.

한편 폐위당한 목종은 강조에게 말 한 마리를 얻어 충주 땅으로 향했습니다. 천추태후는 초라한 모습으로 말 위에 앉아 있고 목종은 고삐를 끌었지요. 그러자 고려 백성들은 두 사람에게 침을 뱉으며 말했어요.

"애인과 놀아나며 권세를 제멋대로 휘두르더니 참 꼴 좋다!"

그만큼 천추태후와 김치양의 관계는 백성들의 조롱거리였고, 그것을 막지 못한 목종 역시 백성들의 원망을 사고 있었던 것이지요.

얼마 뒤 강조는 천추태후를 따르는 무리들이 반란을 일으킬까 걱정하여 무사들을 보내 두 사람의 목숨을 없애버렸어요. 그렇게 해서 어지러웠던 11년 동안의 목종 시대는 종말을 고하고 말았답니다.

거란의 침입에 당당히 맞선 현종

(재위 : 1009~1031년)

강조의 정변으로 18세의 나이에 왕위에 오른 제8대 현종은 피폐해진 고려 조정을 제자리로 돌려놓기 위해 많은 일을 했습니다. 우선 궁궐 안에서 음악을 가르치던 교방을 폐지하고 궁녀 백여 명을 집으로 돌려보냈어요. 또 불교행사인 연등회를 부활시켜 백성들을 위로했고 동북의 변방에 끌려와 살던 남쪽 지방의 백성들을 고향으로 돌려보내 주었어요. 이때 거란은 목종의 폐위를 구실삼아 시비를 걸어왔어요.

"임금을 함부로 죽인 강조를 내놓아라."

"웃기지 말라. 너희들이 무슨 이유로 우리의 내정을 간섭하는가?"

고려가 이렇게 코웃음치자 1010년 10월, 거란 왕은 직접 40만 대군을 이끌고 고려를 침공해 왔습니다. 이것이 성종 대에 이은 두 번째 거란의 침입이었어요. 이에 현종은 강조를 행영도통사로 삼아 30만 명의 병력을 주어 거란군을 통주에서 막도록 했어요.

압록강을 건넌 거란군은 지금의 평북 의주인 흥화진에 진출한 다음 강조를 거란에 압송하면 철수하겠다는 편지를 보내왔어요. 이에 고려 조정이 거부하면서 양국은 본격적인 전쟁에 돌입하게 되었어요.

거란은 20만 명의 군대를 인주 남쪽 무로대에 주둔시켜 놓고 나머지 20만 명으로 통주를 공격해 왔어요. 일진일퇴의 공방전이 성과가 없자 거란의 장수 야율분노는 한밤중에 삼수를 기습했어요. 이때 강조는 맞받아치지 않고 적을 삼수 깊숙이 끌어들여 몰살시키려 했지만 거란의 다른 부대가 본진을 습격해오자 고려군은 당황했어요. 그 틈에 거란군의 대군이 총공격을 감행해 왔어요. 순식간에 포위된 고려군은 전멸하였고, 강조는 포로가 되었어요. 이때 거란 왕은 포승줄에 묶여 끌려온 강조를 달래며 이렇게 말했어요.

"네가 나의 신하가 되어 충성을 맹세한다면 목숨만은 살려주겠다."

하지만 강조는 고개를 꼿꼿이 세운 채 대답했어요.

"내가 어찌 고려의 장수로서 오랑캐의 부하가 될 수 있겠느냐. 전장에서 패한 장수는 입이 있어도 할 말이 없는 법, 어서 죽여라."

이렇듯 강조의 태도가 완강하자 거란 왕은 어쩔 수 없이 강조의 목을 베었습니다. 그 후 거란은 승리의 여세를 몰아 곽주와 서경을 함락시키고, 이듬해 1월에는 개경에까지 다다라 민가를 모조리 불살랐어요. 바야흐로 궁궐까지 위험해지자 조정에서는 항복을 논의했어요. 그러자 당시 63세의 노장군 강감찬이 단호히 반대했어요.

"오늘 우리가 거란에게 굴복한다면 영원히 그들의 노예가 될 것입니다. 일단 전하께서 남쪽으로 피하고 남은 군사를 모아 끝까지 대항한다면 반드시 승리할 수 있습니다."

현종이 나주로 피난하자, 거란 왕은 개경을 함락했음에도 불구하고 더 이상 추격해오지 못했어요. 왜냐면 군사들이 지쳤고 남아 있던 고려군의 저항이 만만치 않았기 때문이었지요. 이때 어명을 받은 신하 하공진은 거란 진영으로 가서 화친을 청했어요. 그러자 거란 왕이 물었어요.

"나주는 개경에서 얼마나 떨어져 있느냐?"

"아주 멀리 있습니다."

"몇 백 리는 되는 모양이지?"

"남쪽 깊은 곳에 있어서 몇 천리는 될 것입니다."

그 거짓말에 속아넘어간 거란 왕은 현종을 추격할 생각을 버렸어요. 그리고는 철군하는 대신 훗날 현종이 직접 거란에 찾아와 사과하고 옛날 서희가 개척한 강동 6주를 되돌려 달라는 조건을 내걸었어요. 이윽고 거란군이 물러나자 개경으로 돌아온 현종은 전쟁 중에 공을 세운 자에게 상을 주고 거란에 협력한 자는 처벌했으며, 백성들 가운데 힘써 싸운 사람을 뽑아 관직을 하사하는 등 전후 처리에 만전을 기했어요. 또 전란 중에 불타버린 궁궐도 다시 지었어요. 하지만 거란이 철수하면서 내건 조건은 거들떠 보지도 않았습니다.

"우리가 침략자들의 뜻대로 해줄 성 싶으냐?"

이렇듯 고려 조정이 거란의 침입으로 약해진 국력을 만회하려 노력하고 있을 때, 여진족은 전함 백여 척을 이끌고 경주를 공격했어요. 하지만 고려군이 강력하게 대응하자 여진은 곧 퇴각했지요. 고려는 이렇듯 거란, 여진과의 잇단 싸움을 통해 나라를 지키겠다는 결의를 다지게 되었습니다. 거란은 자신들이 내건 조건이 무시당하자 1018년 12월 소배압에게 10만 명의 병력을 주어 다시 고려를 침공하게 했어요. 거란의 세 번째 침입이었습니다. 그러자 고려는 강감찬을 상원수로, 강민첨을 부원수로 삼아 20만 대군으로 거란군을 막아섰어요.

홍화진에서 벌어진 양군의 첫 싸움에서 강감찬은 홍화진 동쪽에 흐르는 삼교천이란 강물을 꿰어 만든 소가죽으로 막아냈어요. 얼마 뒤 강감찬은 거란군이 강을 건널 때를 기다렸다가 일제히 물을 터트려 적진을 혼란케 한 다음 기습공격을 감행하여 대승을 거두었어요.

"개경에 있는 왕만 사로잡으면 우리는 승리한다."

하지만 적장 소배압은 많은 병력을 잃었음에도 불구하고 남은 군사들을 이끌고 개경으로 진격해 들어갔어요. 이에 강민첨이 고려군을 이끌고 지름길로 달려가 자주의 내구산에서 거란군을 격파했습니다. 그렇지만 소배압은 고집스럽게 계속 진군하여 개경 백리 밖까지 다다랐어요.

거란의 1차 침입로

이때 개경의 도성에는 병마판관 김종현이 1만 명의 군대로 굳게 지키고 있었어요. 김종현은 강행군으로 지친 거란군을 앞에서 공격하고 강감찬의 주력부대가 거란군의 후방을 맹렬히 공격하자 소배압은 더 이상 견디지 못하고 퇴각하기 시작했어요. 그러자 강감찬 장군은 거란이 귀주에 다다랐을 때를 기다려 총공격을 감행하여 거란군을 몰살시켰어요. 이때 살아 돌아간 거란군은 불과 수천 명에 불과했다고 해요.

"더 이상 고려와 싸웠다간 나라가 무너지고 말겠다."

거란은 참패의 충격으로 내정이 어지러워지자 고려에 화친을 제의해 왔어요. 고려의 기세에 풀이 죽은 여진족 역시 말을 바치며 화친을 제의했어요. 이렇게 해서 국경의 위협은 사라지게 되었습니다.

비로소 나라가 안정을 되찾자 현종은 전쟁 중에 불타 사라진 문화재와 서적들을 복구하기 시작했어요. 황주량으로 하여금 태종에서 목종까지 7대 왕의 실록을 편찬하게 했고, 황룡사를 고쳐 지었으며 6천여 권의 대장경을 편찬하도록 했어요. 이때 최초로 고려는 실록을 편찬하기 시작했습니다.

그 후 고려는 13세기까지 거란, 여진 등 주변국과 평화를 유지하며 나라의 발전을 도모할 수 있었습니다. 현명했던 임금 현종은 나라의 수난을 오히려 국력신장의 기회로 삼았던 것이지요. 1031년 현종은 재위 22년 만에 40세의 나이로 세상을 떠났습니다.

현종의 뒤를 이은 덕종은 몹시 너그러운 임금이었어요. 즉위하자마자 사면령을 내려 죄가 가벼운 죄수들을 풀어주었고, 진상품으로 올라온 말을 대신들에게 나누어 주는 등 화합에 힘을 쏟았어요.

또한, 거란에 사신을 보내 그간의 전쟁에서 잡아간 대신과 포로들을 돌려달라고 재촉했어요. 하지만 거란이 요구를 들어주지 않자 동지중추원사인 최충의 건의에 따라 북쪽 변방에 성을 쌓도록 했어요. 이에 유소는 압록강 어귀에 있는 의주에서부터 북쪽 도련포에 이르기까지 천리장성을 건

거란의 2차 침입로

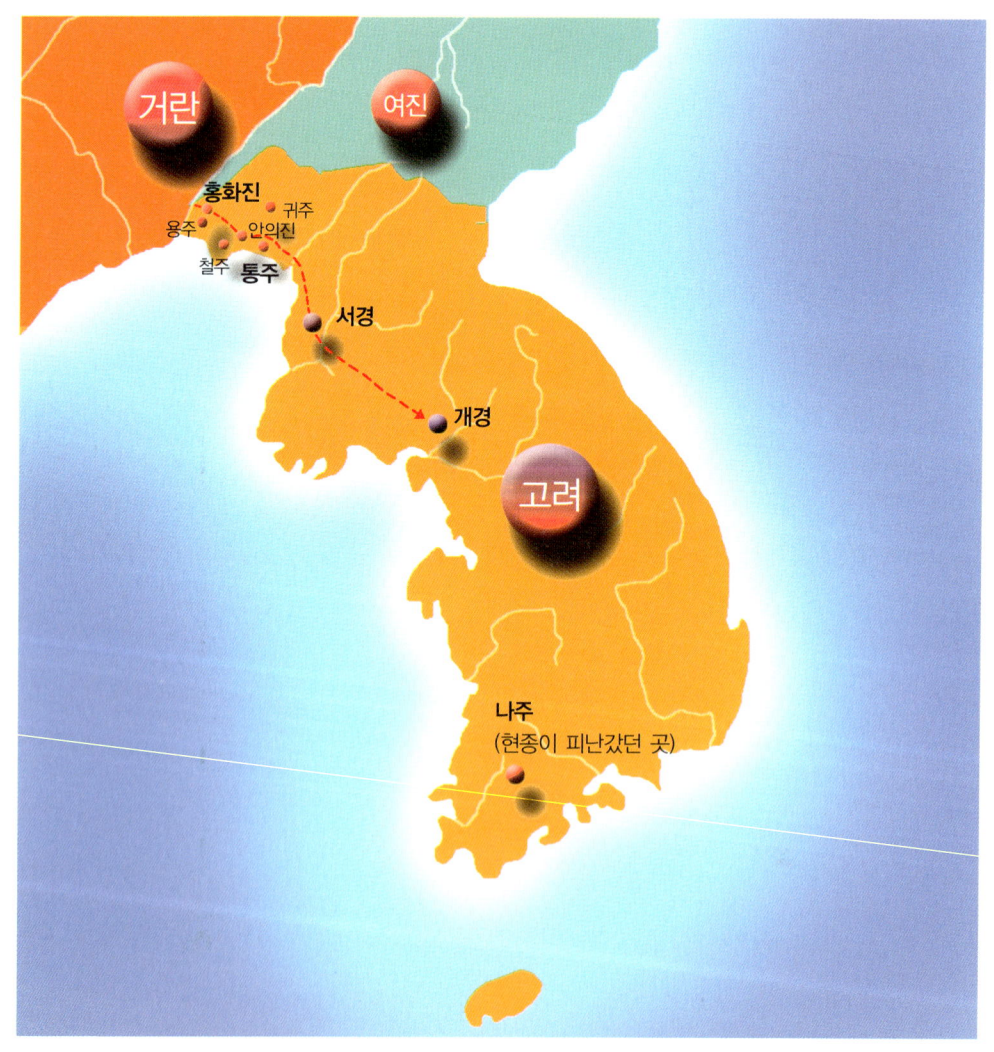

설하기 시작했습니다.

한편 덕종은 정권다툼으로 망명해온 거란인들을 적극적으로 받아들였어요. 이에 자극받은 거란이 1033년에 정주를 침입해 왔다가 패퇴한 다음 다시는 고려를 칠 생각을 하지 못했어요. 이런 가운데 덕종은 국자감에 시험 제도를 도입하여 고려 제일의 교육기관으로 만들었어요. 그렇지만 몸이 쇠약했던 덕종은 즉위한 지 불과 3년 만에 병석에 누운 뒤 왕위를 아우인 평양군 형에게 넘기고 세상을 떠났습니다.

덕종의 뒤를 이은 정종 역시 몹시 허약했어요. 정종은 국경에 성을 쌓는 등 국방에 힘을 기울였고 이에 반발하는 거란의 공격을 맞받아치곤 했어요. 그러자 거란은 자신들이 억류했던 고려 사신들을 돌려보냄으로써 두 나라는 1038년에 정식으로 외교관계를 맺게 되었어요.

1044년 덕종 대에 시작된 천리장성이 완성되면서 고려는 북쪽 국경을 튼튼히 할 수 있게 되었어요. 또 어머니의 신분에 따라 노비로 삼는 노비종모법, 맏아들에게 유산을 상속하는 장자상속법 등을 제정하는 등 사회 제도 개혁에도 박차를 가했어요. 하지만 정종은 1046년 5월 29세의 젊은 나이로 세상을 떠나고 이복동생인 낙랑군 휘가 왕위를 물려받았습니다.

알면 재미있는 이야기

귀주대첩의 명장 강감찬

　강감찬은 948년에 지금의 관악구 봉천동 지역인 금주 고을에서 태어나 1031년 세상을 떠난 구국의 영웅이랍니다. 태어날 때 밤하늘에서 큰 별이 꼬리를 길게 끌며 집으로 떨어졌다고 해요. 그래서 그 집터를 낙성대라고 부르게 되었답니다.

강감찬을 환영하는 고려의 왕 현종과 백성들

강감찬은 어렸을 때 키가 작고 얼굴이 못생겼지만 남달리 지혜로워 학문과 무예 실력이 뛰어났어요. 14세 때 벌써 천문과 지리, 병법에 통달했지요. 하지만 그가 조정에 나간 것은 983년인 36살의 늦은 나이였어요. 어느 날, 강감찬이 양주 고을 목사로 부임했을 때의 일이었어요. 당시 양주 백성들은 호랑이 때문에 어려움을 많이 당하고 있었어요. 그러자 강감찬은 마을 주변의 숲에 있는 나무를 모조리 베도록 했어요.

"사또가 이상한 일을 벌이는군."

사람들은 의아하게 생각했지만 강감찬은 사냥꾼들을 시켜 빈 터에 덫을 놓고 함정을 파서 호랑이를 몽땅 잡아버렸어요. 그런 다음 그 땅을 개간하여 농토로 만든 뒤 백성들에게 나누어 주었습니다. 그로 인해 양주 땅이 살기 좋아지자 백성의 수효가 두 배로 늘어났어요. 강감찬은 이를 통해 호랑이도 잡고 농토도 늘리는, 꿩 먹고 알 먹기 식의 지혜를 보여 주었답니다.

1013년, 중추원사가 된 강감찬은 자신의 땅을 몽땅 나라에 바쳐 군대를 양성하는 데 쓰기도 했어요. 1018년에는 서경유수가 되었고, 그 해 10월에는 서북면 행영도통사란 직위로 군대를 조련하며 거란의 3차 침입에 대비했습니다.

이윽고 거란 장수 소배압이 10만 명의 대군을 이끌고 압록강을 건너오자 강감찬은 상원수가 되어 거란군과 맞서 싸웠어요. 강감찬은 맨 처음 흥화진 전투에서 거란군을 물리친 다음 개경으로 진군했다가 후퇴하는 거란군을 귀주에서 전멸시키는 대승을 거두었어요. 이때 적장 소배압은 갑옷과 투구마저 잃은 채 겨우 목숨을 건져 도망쳤고, 살아남은 거란 병사의 수효는 수천 명에 불과했어요. 이 승리가 바로 을지문덕의 살수대첩, 이순신의 한산도대첩과 어깨를 나란히 하는 귀주대첩입니다. 이때 참혹한 패배를 당한 거란은 두 번 다시 고려를 넘보지 못했다고 합니다.

강감찬 장군 영정
서울시 관악구 신림동 낙성대에 강감찬 장군의 사당 안국사가 있으며, 그 안에 강감찬 장군의 영정이 있다.

알면 재미있는 이야기

태평성대를 이끈 문종

(재위 : 1046~1083년)

정종에 이어 28세의 혈기왕성한 나이로 고려의 제11대 임금이 된 문종은 나라의 전 분야에 걸쳐 획기적인 개혁을 성공시켜 37년 간 고려의 황금기를 이끌었어요. 문종이 다스리던 때의 고려는 쓸모없는 관원을 줄이고 농업을 발전시켜 나라가 부유해졌어요. 창고에는 해마다 묵은 곡식이 쌓이고 집집마다 살림이 넉넉하여 그야말로 태평성대였지요.

'내가 먼저 검소하고 절약해야 백성들도 따를 거야.'

이렇게 생각한 문종은 금은으로 장식되었던 용상을 동과 철로 바꾸었으며, 내시의 수효도 줄였어요. 1047년에는 최충의 건의를 받아들여 잘못된 법을 바로잡고, 미흡한 법을 올바르게 보충하여 나라의 기강을 세웠습니다.

이때 고려에서는 재해를 입었을 때 세금을 면제하는 재면법, 죄수를 심문할 때는 반드시 형관 3명 이상이 참가하여 공정한 조사를 하게 하는 삼원신수법, 땅의 면적을 확정지어 공평하고 원활한 세금 징수를 뒷받침하는 양전보수법 등 수많은 법률이 제정되었어요. 또 1077년에는 향리의 자제를 인질로 삼아 개경에 머물게 하는 선상기인법이 제정되었지요.

이와 같은 개혁으로 인해 고려의 왕권은 강화되었고, 국력도 막강해졌어요. 그러자 문종은 중국의 발전된 문화를 받아들이기 위해 송나라 상인들의 출입을 자유롭게 허락했고, 1071년에는 송나라와 정식으로 국교를 맺었어요.

"우리 두 나라가 친하게 지내야 거란의 야욕을 잠재울 수 있습니다."

송나라는 고려와 힘을 합해 거란을 쫓아낸 뒤 과거의 영토를 회복하려는 목적이 있었고, 고려는 송을 통해 거란을 견제하고 중국의 선진문물을 받아들이려는 뜻이 있었습니다. 이런 양국의 움직임에 대해 거란은 아무런 반발도 하지 못했어요. 그러면 그럴수록 두 나라는 더욱 굳게 뭉칠 테니까요.

문종 대에는 정치와 경제 외에도 학문에서도 많은 발전을 이루었어요. 그 주역 역시 최충이었어요. 그는 70세에 조정에서 물러난 다음 사립학교를 설립해 제자들을 키웠어요. 그러자 다른 신하들도 이를 본받아 퇴임한 뒤 학교를 세웠어요. 그로 인해 고려에서는 최초의 사립학교인 12학도가 생겨나 유학을 가르치기도 했습니다.

"유교 못잖게 불교를 발전시켜야 백성들의 마음을 안정시킬 수 있다."

불심이 깊었던 문종은 최충의 뒤를 이어 문하시중이 된 이자연에게 2천 8백간이라는 엄청난 규모의 흥왕사를 짓도록 하고 금탑을 조성했으며, 절 주변에 성을 쌓아 재난에 대비하도록 하기까지 했어요. 이 흥왕사는 1천 명의 승려가 수행하면서 고려 불교의 중심이 되었지요.

문종은 또 성종 때 폐지되었던 연등회와 팔관회를 부활시켰고, 타락한 승려들을 불어들이는 등 사찰정화작업을 벌였어요. 그 또한 스스로도 매달 세 번 이상 절에 찾아감으로써 백성들에게 모범을 보였습니다. 또 자신의 세 아들을 출가시켰는데, 그 가운데 한 사람인 대각국사 의천은 고려에 천태종을 도입해서 대대적인 선불교 바람을 일으킨 인물이랍니다.

이와 같은 문종의 법치주의와 유학의 장려, 또 불교의 융성과 같은 업적은 고려의 위신을 한 단계 끌어올리는 중요한 계기가 되었어요. 또 솔선수범하는 문종의 정치는 신하들과 백성들을 감화시켜 위아래를 굳게 단결시키며 고려의 황금기를 이끌어 나갔습니다.

　문종은 1082년에 셋째 왕비가 세상을 떠나고, 이듬해에는 총애하던 왕자 왕침이 갑자기 죽자 실의에 빠져 자리에 누웠습니다. 그 해 7월, 병이 깊어진 문종은 태자 훈에게 왕위를 물려주고 65세의 나이로 세상을 떠났습니다.

　문종의 뒤를 이은 제12대 순종은 몸이 약했는데, 아버지가 세상을 떠나자 더욱 약해졌어요. 그리하여 즉위한 지 석 달 만에 아무런 업적도 없이 동생인 왕운에게 보위를 맡기고 세상을 떠났어요. 그래서 순종은 고려의 34왕 가운데 재위기간이 가장 짧은 왕이 되었습니다.

연등회

알면 재미있는 이야기

 해동공자 최충

해주 최씨인 최충은 984년에 태어났어요. 22세 때 문과에 장원으로 급제하여 조정에 진출해 1013년에는 황주량 등과 함께 《7대실록》을 편찬했어요.

"법 제도의 확립이 나라를 잘 다스리는 길입니다."

문종 때 문하시중이 된 최충은 왕에게 이렇게 건의했어요. 그리하여 그때까지 허술하던 법률을 고치고 새로운 법률을 만들어 나라의 기초를 튼튼하게 했어요.

"죄를 형벌로만 다스린다면 원한을 살 수 있으므로 덕을 행하는 것 또한 매우 중요합니다."

최충은 이렇게 역설하면서 사로잡았던 동여진의 추장 염한 등 86명을 처벌하지 않고 고향으로 돌려보내기도 했어요.

그렇지만 최충은 원칙을 중요시하여 법에 어긋난 일에 대해서는 곧은 태도를 보였어요. 반대로 문종은 예외를 인정하고 인품과 실력을 중시하는 성격이었으므로 최충의 의견을 나름대로 해석하여 받아들이곤 했어요. 그리하여 70세가 된 최충이 퇴직한 뒤에도 문종은 나라에 큰 일이 있으면 사람을 보내 조언을 듣곤 했답니다.

조정에서 물러나온 최충은 집안에 9개의 서재로 이루어진 최초의 사립학교인 '구재학당'을 설립한 다음 제자들을 모아 유학을 가르쳤어요.

최충의 초상화

구재학당에서는 학문뿐만 아니라 술자리의 예의, 시 낭송 등 다양한 지식을 가르쳐 선비로서의 소양을 쌓게 했어요. 구재학당의 명성이 드높아지자 개경에 사립학교 설립 붐이 일어나 12개나 되는 학당이 생겼는데, 사람들은 그것을 통틀어 '사학십이도'라고 불렀어요.

최충의 사학은 문헌공인 그의 시호를 따라 '문헌공학도'라고 불렸는데 학도의 수가 수백 명에 이를 정도였어요. 이로 인해 고려 전역에 유학 열풍이 불자 사람들은 최충을 '해동공자'라고 부르며 칭송했습니다. 이렇듯 학문을 통해 고려사회를 발전시킨 최충은 1068년 83세의 나이로 세상을 떠났습니다.

원공국사승묘탑비
고려 해동공자란 칭호를 받은 최충이 글을 지었다.

최충의 글씨

고려 문화의 발전을 가져온 선종

(재위 : 1083~1094년)

선종은 순종이 불과 석 달 만에 세상을 떠나자 고려 제13대 임금으로 즉위했어요. 선종은 유교와 불교의 균형적인 발전을 토대로 매우 안정된 정치체제를 유지했습니다. 선종 대에 고려는 거란과 송나라, 일본, 여진 등과 광범위한 외교관계를 맺는 한편 활발한 교역을 행했어요.

이때 고려는 거란에 매우 강경한 자세를 취했고 일본과는 가까운 관계를 유지하고 있었어요. 1084년 9월에 거란은 선종의 생일을 축하하기 위해 어사중승 이가급을 사신으로 보내왔어요. 그런데 사신 일행은 행보가 늦어 선종의 생일이 지난 뒤에야 개경에 다다랐습니다. 그러자 고려의 신하들은 이렇게 놀리기까지 했어요.

"사신의 이름을 풀어쓰면 가히 다다를 만한데 왜 때맞추어 다다르지 못했는가?"

이렇듯 당시 고려는 거란을 우습게 보았답니다. 1086년 5월, 고려는 거란에 사신을 보내 국경의 시장인 각장의 설치를 중단하라는 항의문을 전달했어요. 이에 거란이 머뭇거리자 고려 조정에서는 이원을 귀주에 파견하여 국경수비를 강화했어요. 그와 함께 다시 거란에 사신을 보내 압록강변의 각장 공사계획을 중지하라고 독촉했어요.

"우리의 뜻을 계속 무시한다면 전쟁도 사양하지 않겠다."

이와 같은 고려의 움직임에 겁을 먹은 거란은 선종에게 양 2천 마리와 수레 23기, 준마 3필을 선물로 보내면서 각장의 설치는 확정된 것이 아니라는 편지를 보내왔습니다. 이로 인해 고려는 외교적으로 동북아 최강의 대국이었던 거란을 굴복시키는 개가를 올렸답니다.

'승려들도 정사에 참여할 수 있어야 해.'

이렇게 생각한 선종은 1084년 과거에 승과를 설치하여 승려들도 관직에 진출할 수 있는 길을 열어주었어요. 이때 송나라에 들어가 발전된 불법을 전수받아 돌아온 의천은 천태종을 열었어요. 그러자 선종은 회경전에 13층 금탑을 세웠으며, 인예왕후의 청에 따라 천태종의 본산인 국청사를 세웠어요. 또 팔만대장경의 기초가 되는 속장경을 간행하기도 했습니다.

"불교는 나라의 정신을 지키고, 유교는 나라의 기둥이 되어야 해."

선종은 1091년, 예부의 건의로 국학에 공자의 제자 안회를 비롯한 72현의 벽화를 그림으로써 공자의 가르침을 최고의 학문으로 삼겠다는 의지를 되새겼어요. 그리하여 유학을 종교적인 반열에까지 올려놓았지요.

이처럼 불교와 유학을 조화롭게 발전시키고 송과 거란 사이에서 중립외교를 통해 나라를 안정시킨 선종은 1094년 5월에 46세의 나이로 숨을 거두었습니다.

선종의 뒤를 이어 보위에 오른 헌종은 당시 11세에 불과한 소년이었기 때문에 어머니 사숙태후 이씨가 대신 나라를 다스렸습니다.

헌종은 어렸을 때부터 소갈증 때문에 매우 몸이 약했으므로 대신들은 선종이 왕위를 동생인 계림공 왕희에게 넘길 것으로 생각했어요. 그런데 뜻밖에도 어린 헌종에게 왕위가 전해지자 계림공을 비롯한 여러 동생들은 불만을 품게 되었어요.

"지금 고려에는 강건한 임금이 있어야 해. 어린애가 어떻게 나라를 제대로 다스릴 수 있단 말인가?"

일찍이 문종에게는 불문에 들어간 대각국사 의천과 보응 승통 왕규 외에도 다섯 명의 아들이 있었는데, 당시 대신들은 맏아들인 왕희를 따르고 있었습니다. 이런 상황에서 사숙태후는 섭정을 하면서 헌종의 몸이 갈수록 약해지자 선종의 세 번째 부인인 원신궁주의 아들 한산후 왕윤을 헌종 다음 왕으로 세우려는 음모를 꾸몄어요. 특히 원신궁주의 오빠인 중추원사 이자의는 엄청난 재력과 많은 사병을 기반으로 왕희를 견제하고 있었어요.

"반역자는 내가 용서하지 않겠다."

이자의는 공공연히 한산후 왕윤을 지지하면서 계림공 왕희가 왕권을 넘

속장경
고려대장경을 결집할 때 누락된 것을 모아 1096년(숙종 1)에 편찬한 불경을 말하며, '의천의 속장경'이라고 한다.

보고 있다고 떠들고 다녔습니다. 그리하여 왕실과 외척 사이에 다음 왕위를 놓고 한판 승부를 벌일 수밖에 없는 상황이 되었어요. 조정의 신하들도 두 편으로 갈려 일촉즉발의 순간을 기다리게 되었어요.

"더 이상 망설이면 당하는 것은 우리 편일 것이오."

1095년 7월, 왕희는 평장사 소태보와 상의한 다음 상장군 왕국모에게 이자의를 제거하도록 명했어요. 그러자 왕국모는 장사 고의화에게 군사를 주어 거사를 행하게 했습니다. 고의화는 은밀히 왕궁으로 들어간 다음 이자의를 살해하고 그를 따르던 신하들을 모조리 칼로 베어 죽였어요. 또 이자의의 집으로 군사를 보내 아들 이작과 흥왕사의 승려 지소를 죽였고, 이자의의 편에 섰던 여러 장수들의 목숨을 빼앗았어요.

그리하여 권력을 장악한 왕희와 소태보 세력은 원신궁주와 한산후 왕윤을 비롯해서 그 동안 자신들을 적대시하던 대신들을 모두 귀양 보냈어요. 이로써 한시름 놓게 된 계림공 왕희는 중서령이 되어 차기 왕위를 예약했습니다.

이때부터 조정의 신하들은 병석에 누워 있는 헌종을 제쳐두고 왕희의 집으로 달려가 국사를 의논했어요. 이에 낙심한 헌종은 1095년 10월에 왕위를 내놓았고 후궁에 물러난 지 2년 뒤인 1097년 2월, 흥성궁에서 14세의 나이로 세상을 떠났어요. 헌종은 어린 나이에 왕위에 올라 왕의 역할을 전혀 하지도 못했고, 자신을 지켜주는 충신 하나 없이 병에 시달리다가 숙부에게 보위를 빼앗긴 고달픈 왕이었습니다.

알면 재미있는 이야기

천태종을 창시한 대각국사 의천

불교에 깊이 빠져 있던 문종은 어느 날 자식들을 모두 부른 다음 물었어요.

"부처의 덕은 높고도 깊다. 그러므로 나는 너희들 가운데 한 사람을 부처님께 바쳐 공덕을 쌓고자 한다. 누가 출가하여 부처님을 모시겠느냐?"

"그것은 제가 원하는 바입니다."

넷째 아들 왕후가 망설임 없이 대답했어요. 그리하여 고려 불교에 큰 공을 세운 대각국사 의천이 탄생하게 되었어요. 의천은 1065년 영통사에서 출가해 경덕국사에게서 구족계를 받았습니다. 의천은 총명하고 성실하였으므로 얼마 지나지 않아 화엄경에 통달했어요.

또한 의천은 이에 만족하지 않고 소승불교의 경, 율, 논 삼장은 물론이고 유학과 역사, 제자백가에 이르기까지 폭넓은 지식을 쌓았습니다. 이런 깊은 학문을 바탕으로 불교계에 선도적인 역할을 하기도 했습니다.

1067년에 문종은 의천에게 우세라는 호를 내리고 승통의 직위를 내렸어요. 이에 의천은 문종에게 송나라 유학을 청했지만 그를 곁에 두려는 문종의 반대로 이루어지지 않자, 송나라의 승려 정원법사와 편지교류만 했어요.

그 후 문종이 사망하자 의천은 1085년 4월, 송나라로 떠났습니다. 송나라에서 황제 철종의 환대를 받은 의천은 화엄의 대가인 유성법사와 함께 현수의 천태사상을 토론했고, 상국사에서는 운문종, 흥국사에서는 인도승려 천길상을 만나 인도에 대한 지식을 쌓았어요. 또 정원법사를 만난 의천은 화엄경과 능엄경, 원각경, 기신론 등의 사상을 논하고 천태사상과 현수의 교학에 대해 공부했습니다.

유학 1년 만에 불경 3천여 권과 함께 고려에 돌아온 의천은 흥왕사의 주지가 되어 천태교학을 정리하면서 제자들을 키웠어요. 또 흥왕사에 교장보감을 설치하여 송나라와 요나라, 일본 등지에서 모은 경서를 간행했는데 이것이 바로 《고려속장경》이었어요.

숙종 2월, 국청사의 주지가 된 의천은 그곳에서 본격적으로 천태교학을 가르쳤는데, 그의 강의를 듣기 위해 전국에서 무려 천여 명의 승려가 모여들었어요. 그리하여 의천은 1099년에 '천태종'이라는 불교의 주요 종파를 창설하기에 이르렀습니다.

얼마 후 천태종은 고려에서 가장 조직력이 뛰어난 종단이 되었고 고려의 국론을 통일시키는 데 커다란 힘이 되었어요. 이렇듯 고려의 불교 발전에 큰 공헌을 한 대각국사 의천은 1101년 57세를 일기로 세상을 떠났습니다.

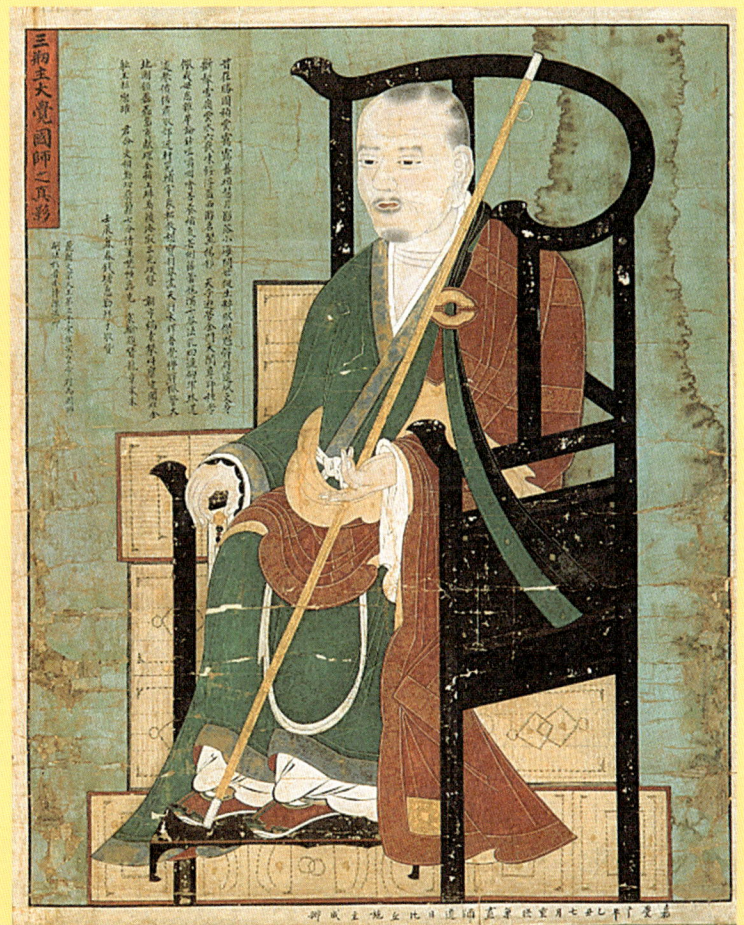

대각국사 의천 영정

우리나라 최초의 화폐를 만든 숙종

(재위 : 1095~1105년)

숙종은 어릴 때부터 매우 총명하고 결단력 있는 인물이었어요. 숙종은 문종의 셋째 아들로 학문에 뛰어나 문종의 총애를 받았어요. 1065년에 계림후에 책봉되었고, 1077년에는 계림공이 되었으며 선종 3년인 1086년에는 수태보 벼슬에 올랐어요.

1094년, 조카인 헌종이 왕위에 오르자 수태사 겸 상서령이 되었고 소태보와 왕국모의 도움으로 외척 이자의 세력을 몰아낸 다음 중서령에 올라 권력을 장악했습니다. 그 해 10월, 숙종은 헌종을 몰아내고 42세 때 왕위에 올랐어요.

숙종 초기에는 반대파들을 제거하느라 잠시 나라가 혼란스러웠지만 곧 안정을 되찾았습니다. 숙종은 측근세력을 중심으로 강한 왕권을 행사하면서 조정의 개편작업을 시작했어요. 이자의 세력을 몰아내는 데 가장 큰 공을 세웠던 소태보를 문하시중에 임명하고, 상장군 왕국모 등을 요직에 앉혀 조직을 정비했어요.

한편 변방의 여진족 세력이 점차 강해지기 시작했고, 그로 인해 거란의 힘은 점점 약해져 갔습니다. 그러자 고려 조정은 장차 전쟁이 일어날 것을 대비하면서 다양한 외교 활동을 벌였어요.

긴장된 국제 정세 속에서 숙종은 개인적인 아픔을 겪어야 했어요. 1099년, 가장 총애했던 둘째 아들 왕필이 어린 나이에 세상을 떠났어요. 또한 이복동생 부여후 왕수가 세력을 키운다는 소문이 돌자 경산부에 귀양을 보내기도 했어요.

이듬해 숙종은 맏아들 왕우를 태자로 책봉함으로써 왕권을 강화했고, 또 지금의 서울인 양주에 남경을 건설하여 왕실의 권위를 높이고자 했어요. 숙종은 우선 최사추와 임의, 윤관 등에게 명하여 궁궐을 짓기에 적합한 장소를 물색하도록 했어요.

"삼각산 남쪽 양주 땅의 풍수가 으뜸입니다."

최사추의 보고를 받은 숙종은 종묘사직에 남경을 건설하려는 이유를 고하고 이듬해 3월, 직접 왕궁 터를 시찰한 다음 궁궐을 지을 것을 명했습니다.

한편 북쪽 여진족 접경지대의 긴장이 높아가자 1102년 4월, 여진족 추장 영가가 사신을 보내 왔어요. 그 해 숙종은 여진에서 은그릇을 만들 수 있는 기술자를 보내달라는 요청을 받아들였고, 또 정식으로 여진과 국교를 맺었어요. 그렇지만 여진에서는 여러 종족들의 다툼으로 내정이 계속 불안하여 변방에는 전운이 감돌았어요.

과연 얼마 후 내전에서 승리한 동여진의 추장 오야속이 군사를 일으켰어요. 이에 고려 조정에서는 임간을 동북면병마사로 임명하여 맞서게 했지만 첫 싸움은 패배하고 말았어요. 뒤를 이어 윤관이 출동했지만 역시 패배하고 화친을 맺은 뒤 물러나야 했어요. 이렇듯 숙종 대 후반기에는 여진족의 세력 확장으로 인해 불안해 했지만, 안정된 정치 상황을 바탕으로 많은 문화 발전을 이룩했어요.

"아직까지 미개한 고려의 혼인 제도를 바꾸어야 합니다."

이와 같은 유학자들의 의견에 따라 숙종은 1096년, 6촌 이내의 혼인을 금하는 법령을 발표했어요. 고려 왕실은 광종 이래 6촌 이내의 족내혼이 성행하고 있었는데, 이와 같은 혼인정책은 유학자들의 불만을 불러왔어요. 왜냐하면 유교에서는 족외혼을 가족제도의 기본요건으로 여기고 있었기 때문이지요. 그렇지만 이 금혼령은 왕실이나 백성들 사이에서도 잘 지켜지지 않아 유명무실한 법이 되고 말았어요.

'중국처럼 화폐를 만들어 상업을 장려해야겠다.'

1097년 숙종은 주전관을 두어 주화를 만들어내 통용시켰고, 1101년에는 나라의 지형을 본뜬 은병을 주조했으며, 돈 만드는 법인 고주법을 제정하여 우리나라 최초의 화폐인 해동통보 1만 5천관을 주조한 다음 문무 양반과 군인들에게 나누어 주었어요.

1101년 3월, 국자감에 서적포를 설치하여 책을 널리 보급했고, 같은 해 4월에는 61명의 선비와 21명의 현인들을 공자묘에 모셔 유학의 위상을 높였습니다. 이듬해에는 은나라의 성인인 기자의 사당을 세우고 묘를 만들었으며, 신라 시대의 승려인 원효와 의상을 동방의 성인으로 모심으로써 불교를 장려하는 일도 잊지 않았습니다.

고려시대 화폐
해동통보, 해동중보,
삼한통보, 삼한중보

1103년에는 송나라의 의관 모개에게 흥성궁을 사관으로 내주고 의사를 양성하게 했습니다. 한편 1104년 5월에는 남경의 궁궐이 완공되었는데, 이에 숙종은 직접 남경으로 내려가 궁궐을 구경하고 불교 법회를 열기도 했어요.

"선진 군대를 만들어야 국방이 튼튼해질 수 있다."

숙종은 고려군이 그때까지 보병 중심이라 기마병 중심의 여진 군대를 상대하기 어렵다는 윤관의 건의에 따라 별무반을 만들었어요. 별무반에는 기병으로 구성된 신기군과 보병으로 구성된 신보군, 승병이 중심이 된 항마군이 있었어요.

이처럼 차근차근 군사력을 강화시킨 숙종은 고려의 오랜 두통거리였던 여진 정벌을 준비해 나갔습니다. 하지만 1105년, 52세의 숙종은 고구려 동명성왕의 묘역에 제사를 지내고 돌아오다 수레 안에서 갑자기 세상을 떠났어요. 때문에 숙적 여진과의 한판 승부는 대를 이은 예종의 몫이 되고 말았답니다.

동명성왕의 묘역

알면 재미있는 이야기

 고려장은 없었다

15세인 원곡에게는 늙고 병든 할아버지가 있었어요. 원곡은 할아버지를 매우 따랐지만 원곡의 아버지는 할아버지를 몹시 귀찮아 했어요. 그러던 어느 날, 아버지는 할아버지를 수레에 싣고 가서 깊은 산에 버려두고 왔습니다. 이때 원곡이 따라가 수레를 다시 가져오니, 아버지가 물었어요.

"이처럼 흉한 것을 무엇에 쓰려고 가져왔느냐?"

"다음에 아버지가 늙으면 다시 써야 하잖아요."

이에 아버지는 자신의 잘못을 깨닫고 할아버지를 다시 모셔 왔다고 합니다.

이 이야기는 중국의 효자전인 '원곡 이야기' 입니다. 그런데 많은 사람들은 이와 같은 일화로 고려장이 사라졌다고 믿고 있습니다. 우리가 알기에 '고려장'이란 늙은 부모를 산 채로 산에 내다버리던 고려 시대의 장례풍습이라고 하지요? 그렇지만 고려에는 이와 같은 나쁜 장례풍습이 없었어요. 실제로 고려는 불효를 반역죄와 마찬가지로 엄격하게 처벌했던 나라였어요. 《고려사》에는 다음과 같은 법령이 나와 있답니다.

'조부모나 부모가 살아 있는데 아들과 손자가 호적과 재산을 달리 하고 공양을 하지 않을 때에는 징역 2년에 처한다.'

고려의 역대 국왕들은 종종 효자들과 80살 이상 된 노인들에게 잔치를 베풀어주고 선물을 주곤 했어요. 이런 나라에서 어떻게 늙은 부모를 내다 버리는 나쁜 풍습이 존재할 수 있을까요? 그 시대에 버릴 수 있는 사람은 오직 전염병 환자들뿐이었어요. 그들을 내버려 두면 무고한 수많은 사람들이 목숨을 잃을 위험이 있었으니까요.

그렇다면 지방 곳곳에 있는 고려장터로 알려진 무덤들은 대체 무엇일까요? 그것은 대부분 고려장과는 관계 없는 석관묘나 석실분이었어요. 그러므로 고려장이란 장례풍속은 애당초 존재하지도 않았던 것이지요.

그런데 왜 고려장이란 말이 나왔냐고요? 그것은 일제 시대 때 일본인들이 우리나라의 왕릉을 도굴하기 위해 지어낸 것이라고 합니다. 부모를 버린 사람들의 무덤을 파헤치는 것쯤이야 무슨 죄가 되겠느냐는 태도였지요. 그리하여 우리 민족은 오랫동안 그들의 말이 사실인 것처럼 세뇌되어 왔던 거예요. 과거 일본인들은 우리들의 정신과 역사까지도 자기들 식대로 지배하려 했답니다.

석관묘

석실고분 입구

여진과 한판 승부를 벌인 예종

(재위 : 1105~1122년)

고려의 제16대 임금 예종은 어려서부터 유학에 깊은 조예가 있었고, 시를 좋아하던 매우 낭만적인 임금이었어요. 예종은 1105년, 숙종이 갑자기 세상을 떠나자 27세의 나이로 왕위에 올랐습니다. 당시 국제정세는 여진의 세력이 커짐으로 인해 심상치가 않았어요. 아골타란 뛰어난 인물이 등장하여 강력한 지도력으로 여진의 여러 종족들을 통일시켜 나가고 있었으니까요. 이로 인해 고려와 거란의 변방은 언제 전쟁이 터질지 모르는 분위기였습니다. 이에 예종은 왕가를 서북면병마사, 오연총을 동북면병마사로 임명하여 국경 경비에 만전을 기했어요.

"더 이상 여진의 정벌을 미루어서는 안 되겠다."

1107년, 예종은 17만 대군을 동원하여 여진 정벌을 단행했어요. 이에 따라 윤관이 상원수, 오연총이 부원수가 되어 고려군을 이끌었어요. 그해 12월 윤관은 웅주, 영주, 복주, 길주 등에서 여진족을 쫓아냈고, 이듬해에는 함주와 공험진, 의주와 통태진, 평융진 등지에서 승리한 다음 9개의 성을 쌓아 여진의 침입을 막았어요. 이에 화가 난 여진은 2년 동안 쉴 새 없이 쳐들어와 고려를 괴롭히며 이렇게 제안해 왔습니다.

"9성을 돌려주면 고려에 공물을 바치고 다시는 변방을 넘보지 않겠다."

고려 조정에서는 이 제안을 둘러싸고 대신들끼리 논란을 벌였어요. 당시 고려는 2년여의 전쟁으로 인해 나라가 어지럽고 백성들도 지쳐 있었어요. 결국 고려는 여진에게 9성을 돌려주기로 하고 1109년, 동북 지역에서 군대를 철수시켰습니다. 그러자 조정에서는 여진과의 전쟁에서 많은 군사를 잃은 윤관과 오연총에게 벌을 주라는 상소가 줄을 이었어요.

"장수가 전쟁에서 패하는 것은 흔히 있는 일인데, 그때마다 벌을 준다면 누가 장수가 되려 하겠소?"

예종은 이렇게 말하며 상소를 받아들이지 않았지만 김인존을 비롯한 신하들의 요구가 워낙 강력했어요. 하는 수 없이 예종은 오연총을 파면하고 윤관에게는 죄를 묻지 않는 조건으로 사태를 마무리 지었습니다.

이렇듯 여진과의 전쟁 후유증을 가라앉힌 예종은 이듬해인 1110년 12월 조정을 개편했어요. 문하시중에는 윤관을, 평장사에는 오연총을 임명하여 북벌세력을 중용했고, 장인인 이자겸을 추밀원사로 삼아 외척 세력을 배려했어요.

1115년, 여진의 추장 아골타는 금나라를 건국해 스스로 황제라 칭하면서 거란을 압박하는 한편 고려에 형제지국을 맺을 것을 건의해 왔어요. 이에 고려가 차일피일 응답을 미루고 있는 가운데 발해유민들은 거란에서 반란을 일으켜 동경유수 소보선을 죽이고 고영창을 황제로 하는 대원국을 건국했어요.

이처럼 어지러운 국제정세 속에서도 고려는 금나라의 묵인 속에 거란이 차지하고 있던 압록강변의 내원성과 포주성을 되찾음으로써 영토를 압록강 변까지 넓혔어요. 또한, 1119년에는 천리장성을 세 자 높여 금나라의 침입에 대비한 다음 내정 개혁에도 힘썼습니다.

1117년에는 송나라에서 대성악을 들여왔는데 이는 궁중음악인 아악의 시초가 되었어요. 또 1119년에는 국학에 양현고라는 장학재단을 설치했습니다. 1120년에는 팔관회를 열어 개국공신인 신숭겸과 김락 등을 추모하였고 예종이 친히 《도이장가》를 짓기도 했어요. 또 지방에 감사를 파견하여 탐관오리를 벌하였고, 사면령을 내려 죄인들을 석방했어요. 1121년에는 혜민국을 설치하여 빈민들의 질병을 치료해 주었어요.

　이렇듯 예종은 송나라와 거란, 금나라 사이에서 중립외교를 펼치며 영토를 확장하는 한편 태평성대를 이끌어갔어요.

　예종은 시인을 자처하면서 선비들과 시회를 자주 가졌고, 유학을 장려했으며 토속신앙과 불교를 조화롭게 발전시킴으로써 고려 문화를 한 단계 성장시킨 성군이었어요. 하지만 예종은 44세인 1122년, 갑작스럽게 등에 난 종기로 인해 병석에 누운 뒤 한 달 만에 세상을 떠나고 말았습니다.

윤관 장군 묘
경기도 파주에 있으며, 윤관 장군의 위패를 모신 사당이 있다.

알면 재미있는 이야기

세계 최고의 자기 고려청자

우리 겨레의 자랑스러운 문화유산 가운데 빼놓을 수 없는 것이 바로 고려청자입니다. 고려청자는 지금도 세계 도자기 가운데 최고의 작품으로 손꼽히고 있지요. 1123년, 송나라 사신으로 고려에 들어온 서긍은 "고려인들은 도자기 중에 청자를 비색으로 부르는데 솜씨가 뛰어나고 색깔이 아름답다"라고 감탄했고, 근대의 세계적인 도예이론가 버나드 리치는 백자에 엷게 비치는 청색을 보고 "이 색을 낸다면 사람들을 얼마나 행복하게 할 수 있을까"라며 탄복했다고 합니다.

옛날에도 고려청자는 왕실과 관청, 귀족들만 사용했던 아주 귀하고 값진 물건이었어요. 당시 백성들은 토기를 사용할 수밖에 없었지만 12세기 중엽 이후부터는 백성들도 청자를 이용했다고 해요.

흔히 청자는 상감청자가 유명하지만 장식이 들어가지 않은 순청자나 철화청자 등도 많이 만들어졌어요. 토기에서 자기로 발전하려면 재료인 바탕흙이나 유약, 온도 등의 기술이 있어야 하는데, 고려 장인들은 이미 신라 시대부터 그와 같은 기술을 가지고 있었고, 9세기 중엽 이후부터는 중국 청자의 영향을 받아 고려 청자를 만들어낼 수 있었어요.

청자진사연화문표형주자

청자의 생산지는 전남 강진과 전북 부안이 유명했고, 그곳에서 고려 백자도 많이 만들어졌어요. 오늘날까지 예술적인 가치를 지닌 청자로 평가되는 것은 색깔이나 문양이 아름답고 제작 기법이 정교한 양질의 청자를 말해요. 초기에는 중국 도자기의 영향을 많이 받았지만 12세기부터 고려 특유의 부드러운 곡선미를 지니게 되었고 동물이나 식물, 인물 문양이 들어간 청자가 만들어졌어요. 또 은은한 광택에 안정감을 주는 반투명의 비취색을 띠게 되었지요.

청자대접

청자의 제작기술은 더욱 발전하여 고려장인들의 창의력이 번뜩이는 상감청자가 등장하게 되었어요. 상감기법은 나전칠기와 금속공예에 사용되는 방법이었는데 고려장인들이 세계 최초로 도자기에 응용한 것이지요. 고려자기는 표주박 모양의 병 주전자, 참외 모양의 병, 향로, 탁잔, 꽃병, 매병 등 다양한 모양을 띠었고 불교의식에 사용되는 정병, 연적 등을 비롯하여 일상생활용기인 대접, 접시 등도 있어요. 고려자기는 1231년 몽고의 침입 이후 쇠퇴하기 시작하여 조선 초기의 분청사기로 변화하게 된답니다.

청자거북모양주전자 **청자용모양주전자**

알면 재미있는 이야기

이자겸과 묘청의 난을 겪은 인종

(재위 : 1122~1146년)

고려의 제17대 인종은 14세의 어린 나이에 임금이 되었어요. 그러자 외척인 이자겸 세력과 한안인을 중심으로 하는 관료세력이 권력다툼을 벌였어요. 이때 이자겸은 예종의 아우인 왕보의 역모사건을 이용해 한안인 일파를 모조리 제거했어요. 이 사건으로 수백 명의 관리들이 조정에서 쫓겨났습니다.

이때부터 절대 권력자가 된 이자겸은 자신의 셋째 딸과 넷째 딸을 왕비로 만들었고, 또 군권을 쥐고 있던 척준경과 사돈이 되어 권력기반을 튼튼하게 다졌어요. 이자겸은 국공이 되어 친척들에게 중요한 벼슬자리를 나누어 주었고, 자신의 생일을 만수절이라 하여 전국의 선비들에게 축하문을 올리도록 했어요. 그러자 그의 자식들도 백성들의 토지를 강탈하고 뇌물을 받아 큰 부자가 되었어요.

"이자겸과 척준경을 없애야 나라가 바로 서겠구나."

이자겸의 횡포에 원성이 높아지자 인종은 김찬, 안보린, 지녹연 등 측근들과 함께 이자겸과 척준경을 없애려는 계획을 세웠어요. 드디어 인종의 명을 받은 지녹연은 최탁, 오탁, 권수 등의 무장들과 함께 군사를 이끌고 궁궐에 들어가 척준경의 아우인 척준신과 아들 척순을 죽였어요.

'무고한 내 아우와 아들을 죽이다니 용서할 수 없다.'

분개한 척준경은 사병들을 이끌고 달려와 궁궐을 포위했어요. 그들은 한낮에 동화문에 장작을 쌓아 놓고 불을 질러 연기가 성으로 밀려들어가게 했어요. 불은 세차게 번져 궁궐의 대부분이 불타버리고 말았어요. 그때 척준경은 밖에서 기다리고 있다가 궁성을 빠져나오는 신하들을 닥치는 대로 죽였어요. 그러자 겁에 질린 인종은 이자겸에게 애원했어요.

"제발 외삼촌이 왕위를 맡아 나를 살려주시오."

이자겸은 속으로 기뻐했지만, 자신의 친척인 이수를 비롯하여 여러 신하들의 극렬한 반대로 아무 말도 못했어요. 이 일로 인종은 궁궐을 잃고 이자겸의 소유인 중흥택에 머물면서 정사의 결재권을 빼앗겼으며, 음식까지 통제당하는 처지에 놓이게 되었어요. 그날부터 이자겸은 척준경과 함께 최고 권력자로서 마음껏 정권을 휘둘렀습니다.

이에 인종은 얼마 후 은밀히 최사전을 불러 이자겸과 척준경을 이간질시키도록 했어요. 때마침 이자겸과 척준경은 하인들의 사소한 다툼으로 사이가 벌어져 있었어요. 이자겸의 아들 이지언의 집사가 척준경의 집사와 싸움을 벌이다 엉겁결에 서로의 상전을 욕하는 일이 벌어졌던 거예요.

"네 주인 척준경은 궁궐에 활을 쏘고 불을 질렀으니 그 죄는 결코 씻지 못한다. 너 역시 장차 관노로 끌려가고 말 것이다."

이 말을 전해 들은 척준경은 이자겸의 집으로 달려가 의관을 벗어던지며 따졌어요.

"어찌 아랫것이 나를 모욕하게 내버려 두는 것이오?"

"허어, 화를 푸시오. 내가 그놈을 가만 놔 두지 않겠소."

이자겸이 이렇게 사과했지만 척준경은 화를 삭이지 못했어요. 그러자 인종은 몰래 척준경에게 다음과 같은 편지를 보냈습니다.

"내 잘못으로 흉악한 자들이 그대의 아우를 비롯해 억울한 사람들을 죽게 만들었소. 그 일을 깊이 뉘우치고 새로운 정치를 하려 하니 경은 부디 나를 보좌해 주시오."

척준경은 본래 성품이 우직하고 충성스러웠으므로 은근히 마음이 움직였어요. 얼마 뒤 복구된 연경궁으로 돌아간 인종은 척준경을 꾸준히 부추기며 이자겸의 움직임을 경계했어요.

이때 이자겸은 왕을 독살하고 왕위에 오르겠다는 결심을 굳혔어요. 그는 왕비인 딸에게 독약을 넣은 떡을 주어 왕에게 먹이라고 명했어요. 하지만 딸은 아버지보다는 남편을 선택했어요. 인종에게 떡 안에 독이 들어 있다고 알려주었던 거지요. 이자겸이 또 독약을 보약이라고 속여 왕에게 먹이게 하자 왕비는 일부러 넘어져 그 약사발을 엎어버리기도 했어요. 이런 사실을 알게 된 척준경은 드디어 인종을 보호하기로 마음먹었어요.

"딸이 내 말을 안 들으니 힘으로 하는 수밖에 없겠다."

몇 차례의 암살 시도가 수포로 돌아가자 마침내 이자겸은 군대를 동원하여 궁궐을 습격하기로 마음먹었어요. 사전에 그 계획을 알아차린 척준경은 인종을 안전한 군기감으로 피신시킨 다음 궁궐에 군대를 배치해 두었어요. 이윽고 이자겸이 병사들을 이끌고 들이닥치자 척준경은 왕을 죽이기 위해 침실에 숨어들어간 승려 의장과 함께 그들 모두를 붙잡아 옥에 가두었어요.

"죄는 무거우나 장인이었으니 목숨을 빼앗지는 않겠다."

사태가 마무리되자 인종은 이자겸을 영광으로 귀양 보낸 뒤 두 왕비를 폐출시켜 궁 밖으로 내보냈어요. 그리고 난을 끝내는 데 큰 공을 세운 척준경에게 공신 칭호와 함께 중서문하 평장사란 벼슬을 내렸습니다. 하지만 조정이 정상화되자 척준경 역시 무사하지 못했어요. 이듬해 서경세력의 대표인 정지상이 그를 공격했기 때문이에요.

"이자겸을 제거한 일은 일시의 공이지만 궁궐을 침범하고 불사른 것은 만세의 죄입니다."

그러자 인종은 기다렸다는 듯 척준경을 암타도로 귀양 보냈어요. 얼마 뒤 척준경은 곡주로 옮겨졌다가 그곳에서 등창으로 숨을 거두었어요.

이처럼 인종 즉위 초부터 고려왕실에 풍파가 끊일 날이 없자 조정에서는 개경의 지세가 다했으므로 서경으로 천도해야 한다는 의견을 내놓기 시작했어요. 때맞추어 승려 묘청을 앞세운 서경 세력이 천도를 주장했습니다.

"전하, 도읍을 서경으로 옮겨 나라의 기강을 바로 세우십시오."

이런 가운데 국제 정세는 크게 변하기 시작했습니다. 1125년, 거란이 세운 요나라가 여진의 금나라에 의해 북쪽으로 쫓겨나고, 송나라 역시 금나라의 세력에 밀려 남쪽으로 후퇴했어요. 이렇게 중국 대륙을 손에 넣은 금나라는 고려를 위협했어요. 그러자 묘청은 서경천도와 함께 금나라를 정벌해야 한다고 목소리를 높였어요.

"저들이 우리나라를 우습게 보고 있습니다. 마땅히 우리의 힘을 보여 주어야 합니다."

그러자 인종은 묘청의 의견대로 서경에 인접한 임원역에 대화궁을 세우도록 한 다음 천도를 본격화하기 시작했어요. 그러자 김부식 등 개경파 유학자들이 대대적으로 서경 천도 반대운동을 벌였어요.

"금나라는 큰 나라인데 함부로 싸우면 위험합니다. 또 개경은 오랜 도읍인데 함부로 옮긴다면 하늘의 재앙을 면치 못할 것입니다."

그런데 기묘하게도 그들의 주장대로 대화궁이 준공되자마자 벼락을 맞아 30여 곳이 파손되었고, 인종이 서경을 행차하는 도중 폭풍우가 몰아쳐 인마가 살상되는 사고가 일어났어요.

'아무래도 천도는 무리인가보다.'

이를 기화로 서경천도론은 힘을 잃고 인종의 마음도 돌아서고 말았습니다. 그러자 1135년 정월, 묘청은 조광, 유참 등 서경세력과 함께 국호를 대위, 연호를 천개, 군대를 천견충의군이라 이름짓고 대대적인 반란을 일으켰어요.

"더 이상 심약한 임금을 모시고는 개혁을 할 수 없다. 차라리 새 나라를 세워 우리들의 꿈을 이루어야겠다."

대화궁 터
고려 인종 때 묘청 일파가 쌓은 궁성. 사진에서는 토성의 자취만을 확인할 수 있다.

묘청이 난을 일으켰다는 소식을 들은 인종은 즉시 김부식을 평서대원수에 제수하여 반란을 진압하도록 명했어요. 그러자 김부식은 후환을 없애기 위해 서경파이면서 개경에 남아 있던 백수한, 김안, 정지상 등을 참수한 다음 서경으로 출동했어요. 그러자 묘청을 따르던 많은 성주들이 항복함으로써 서경 세력은 상황이 몹시 불리해졌어요.

"너희들의 거사는 이미 실패했다. 항복하면 목숨만은 살려주겠다."

김부식은 여덟 차례에 걸쳐 묘청군의 지휘관인 조광에게 항복을 권유했어요. 이에 기가 꺾인 조광은 묘청과 유담 등의 목을 베어 윤첨으로 하여금 개경으로 보냈어요. 그렇지만 김부식은 윤첨을 하옥시키고 조광의 죄를 묻기로 결정했어요.

갑자기 돌변한 김부식의 태도에 당황한 조광은 결사항전을 외치고 인종의 사자는 물론 김부식이 보낸 녹사 이덕경도 죽여 버린 다음 정부군에 맞섰어요. 그렇지만 1136년 대대적인 정부군의 토벌작전이 시작되자 조광은 스스로 목숨을 끊었어요. 그리하여 서경세력이 주도한 묘청의 난이 완전히 진압되었습니다.

이처럼 즉위한 뒤 이자겸의 난, 묘청의 난 등 연이은 내란에 시달렸던 인종은 그제야 모처럼 평온한 나날을 보낼 수 있었어요. 그러다 1146년 병을 얻어 36세의 한창 나이로 세상을 떠났습니다.

알면 재미있는 이야기

서경천도운동의 주역 묘청

　인종 대의 고려 조정은 김부식 등 문벌 귀족이 장악하고 있었어요. 그들은 금나라를 섬김으로써 권력을 다지고 있었어요. 그런데 서경 출신으로 과거에 장원급제한 정지상이 인종의 신임을 얻게 되자 그에게 경계심을 갖게 되었어요. 인종은 이자겸의 난을 마무리한 다음 어수선한 사회 분위기를 바꾸기 위해 서경천도를 본격화 했어요. 이때 정지상은 서경에 사는 승려 묘청을 인종에게 소개해 주었어요. 인종은 1128년 6월, 서경에 행차한 다음 임원역에 새 궁궐을 짓도록 명하고 총책임자로 묘청을 임명했어요. 이때 묘청은 왕호를 황제로 바꾸고 연호를 정하도록 인종에게 건의하였으며, 중국에서 새로 일어난 제나라와 힘을 합쳐 금나라를 정벌해야 한다고 주장했어요. 이는 고려를 금나라나 송나라와 같은 대국으로 성장시키려는 시도였어요.

　이때 묘청 세력은 완전히 대세를 장악해 그들의 의견은 김부식을 비롯한 몇몇 원로대신만이 반대할 뿐이었지요. 하지만 인종이 계속 망설이자 묘청은 하루빨리 서경으로 천도할 것을 요구했습니다. 그러던 와중에 대화궁이 벼락을 맞아 왕의 행렬이 폭풍우에 시달리자 인종의 마음이 바뀌었습니다. 그러자 묘청은 더 이상 개혁을 주도할 수도 없고 서경 천도 또한 불가능해졌음을 알고 반란을 일으켰어요.

　1135년 1월, 묘청은 나라이름을 '큰일을 한다' 는 뜻의 천개, 군사를 '하늘의 뜻으로 보낸 충의의 군사' 라는 뜻의 천견충의군이라 하고 새로운 나라의 건국을 선포했어요. 이어 군대를 두 갈래로 나누어 개경으로 진격하려 했습니다.

　급보를 들은 인종은 김부식을 총사령관으로 하여 출정군을 편성했어요. 그러자 김부식은 서경군의 배후로 돌아가서 서경을 포위하는 작전을 세웠어요. 또 수군 4,600명과 전함 140척을 보내 대

동강을 함부로 드나들 수 없도록 한 다음 묘청의 부장인 조광을 달랬어요.

"이미 서경은 포위되었다. 묘청을 죽이고 항복한다면 죄를 묻지 않겠다."

그러자 망설이던 조광은 이 싸움에서 도저히 승리할 수 없다는 결론을 내리고는, 한밤중에 자객을 보내 묘청을 죽여 버리고 말았지요. 그리하여 묘청의 서경천도운동은 덧없는 한여름 밤의 꿈이 되고 말았답니다.

《삼국사기》를 쓴 김부식

김부식은 신라 왕실의 후예로 어린 시절 아버지를 여의고 편모 슬하에서 자랐어요. 김부식의 형제들은 모두 똑똑하여 4명이 모두 과거에 합격했어요. 더군다나 김부식과 형 부일, 동생 부철은 당시 관직 가운데 가장 명예스러운 한림이 되어 사람들의 부러움을 샀습니다. 그 후 김부식은 20여 년 동안 문관으로 한림원에서 일하며 학문을 높였고 예종과 인종의 스승이 되기도 했어요.

김부식은 공자와 맹자를 추앙하는 유학자로서 인종 때 왕의 외조부이자 장인인 이자겸을 공격하기도 했습니다. 이자겸의 난이 끝난 뒤 재상이 된 그는 송나라에 사신으로 가 송나라와 금나라의 정세를 파악했어요.

서경천도를 추진하던 묘청이 난을 일으키자 토벌군의 원수로 임명된 김부식은 장기전을 벌여 1년 2개월 만에 토벌에 성공했어요. 그 공으로 정계에서 승승장구하던 그는 자신의 벗인 정습명이 퇴임하자 사직 상소를 세 차례나 올리는 등 은퇴를 하려 했어요. 그러자 인종이 8명의 젊은 관리를 보내 역사책을 쓰라는 어명을 내렸어요. 이에 김부식은 《삼국사기》 50권을 써 인종에게 바쳤어요.

그 밖에도 김부식은 인종 때 《예종실록》, 의종 때 《인종실록》을 편찬했어요. 또 한림원에 있을 때 선배인 김황원과 이궤의 뜻에 따라 고문체 문장을 보급하는 데 공을 세웠어요. 송나라의 서긍은 《고려도경》에서 김부식에 대해 이렇게 썼습니다.

"학문에 뛰어나 글을 잘 짓고 과거와 현재를 잘 깨달아 학자로 대성했으니 그보다 위에 설 사람이 없다."

의종에서 원종까지

무신들의 나라

무신정권의 첫 희생자 의종
(재위 : 1146~1170년)

심약하고 우유부단했던 명종
(재위 : 1170~1197년)

최충헌의 허수아비 신종
(재위 : 1197~1204년)

무신정권과 정면대결했던 희종
(재위 : 1204~1211년)

몽고의 거센 태풍에 시달렸던 고종
(재위 : 1213~1259년)

원나라의 도움으로 무신정권을 몰아낸 원종
(재위 : 1259~1274년)

의종은 문신들의 간섭으로 그들과 함께 향락에 몰두했어요. 그러자 왕의 총애를 믿는 내관들과 문신들은 무신들을 몹시 무시했어요. 이에 화가 난 무신들은 정중부를 앞세워 정변을 일으킨 다음 문신들을 학살하고 정권을 잡았습니다. 그때부터 고려 왕실은 이의방, 경대승, 최충헌 등으로 이어지는 무신정권의 허수아비가 되고 말았어요. 무신들은 마음대로 왕을 세우고 폐하는 등 막강한 권력을 휘둘렀고, 이에 따라 전국 각처에서 민란이 일어나 나라는 몹시 어지러웠어요. 하지만 북쪽에서 몽고군이 침략해오자 고려의 백성들은 하나로 뭉쳐 끈질기게 싸웠어요. 고종 대에는 팔만대장경을 만들어 불법의 힘으로 몽고의 침입을 막으려 했고, 삼별초는 강화도에서 진도, 제주도까지 근거지를 옮기며 끝까지 저항해 고려인들의 치열한 민족의식을 증명해 보였답니다.

무신정권의 첫 희생자 의종

(재위 : 1146~1170년)

묘청의 난 이후 개경 출신의 문신들이 정권을 장악한 가운데 인종의 맏아들인 현이 왕위에 올랐어요. 그는 어린 시절부터 격구에 빠져 학문을 제쳐두고 내시나 무장들과 어울려 시합을 자주 했습니다. 그 때문에 인종과 왕후의 눈 밖에 나서 태자를 폐하려 했지만 예부시랑 정습명의 반대로 겨우 위기를 모면하고 인종이 죽은 뒤 20세의 혈기왕성한 나이로 왕위에 올랐어요.

"전하, 이젠 놀이보다 학문에 전념하셔야 성군이 될 수 있습니다."

의종 즉위에 일등공신이었던 정습명은 이렇게 왕에게 충고하곤 했어요. 그러자 의종은 차츰 그를 멀리하게 되었습니다. 그때 고려 조정은 원로 김부식과 임원후, 정습명 등이 버티고 있었어요.

의종은 이들 문신들이 자신의 일거수일투족을 세세하게 참견하자 정치에 환멸을 느꼈어요. 그래서 환관 정함, 내시사령 영의, 형부낭중 김존중 등과 함께 매일 격구나 수박희를 즐겼어요. 어느 날은 나흘 내내 줄곧 노느라고 편전에 나가지 않기도 했어요.

이런 가운데 1147년, 서경에서는 이숙, 유혁, 승황 등이 반역을 일으켰고, 이심, 지지용 등의 반역 사건이 잇따랐어요. 이에 신하들은 왕의 생활이 제멋대로인 탓이라고 의종의 측근들을 공격했어요. 의종이 이에 아랑곳하지 않자 문신들은 사흘 동안 무릎을 꿇고 버티며 왕을 압박했어요. 의종은 하는 수 없이 내시 김거공, 환관 지숙 등 7명을 유배형에 처했습니다.

'두고 보자. 너희들도 무사하진 못할 것이다.'

앙심을 품은 의종은 얼마 뒤 김존중, 정서 등 측근들을 동원하여 눈에 가시 같은 정습명을 쫓아낸 다음 조회에서 간관들이 직접 자신에게 간언하는 일을 금지시켰어요. 또 정습명 제거의 주역인 김존중을 우승선으로 승진시켜 친위세력에 힘을 실어 주었습니다.

의종의 후원으로 정권을 쥔 김존중은 대령후 왕경의 역모사건을 조작해 경쟁 상대인 정서를 천안으로 유배 보내는 등 조정을 어지럽히다가 갑작스런 등창으로 목숨을 잃고 말았어요. 그 이후 의종은 정사를 멀리하면서 이복기, 임종식, 한뢰 등 문신, 내관들과 함께 향락에 빠져들었어요.

당시 의종이 문신들과 어울려 연회를 열면 정중부를 비롯한 무신들이 주변을 호위해야 했어요. 의종은 그들을 달래기 위해 종종 수박희 시합을 열고 우승자에게 상을 주었지만 문신들과 내관들은 노골적으로 무신들을 무시했어요.

이런 가운데 환관 정함, 백선연, 왕광취, 내시 박회준, 유장 등은 큰 저택에 수십 명의 노비를 거느리고 세도를 부렸어요. 이들의 우두머리격인 정함과 백선연은 백관들이나 무장들을 종 부리듯 하기까지 했어요.

1167년, 연등회에서 갑작스런 사건이 발생했어요. 우승선으로 있던 김부식의 둘째 아들 김돈중이 기마병의 화살통을 들이받았는데 공교롭게도 화살이 왕의 가마

옆에 떨어진 것이었어요. 깜짝 놀란 의종은 자객이 나타난 줄 알고 황급히 궁으로 돌아간 다음 비상사태를 선포했어요.

"나를 죽이려던 자를 잡아 목을 베어라."

의종은 현상금까지 내걸고 범인 체포를 재촉했어요. 그리곤 자신의 안전을 위해 무장들로 하여금 밤낮으로 자신을 지키게 했습니다. 그 일로 인해 많은 사람들이 억울하게 잡혀 들어갔고, 유배 중이던 대령후 왕경의 하인 나언 등이 참형을 당했어요. 또 근무태만의 책임을 물어 14명의 호위병을 귀양 보냈습니다. 이로 인해 무관들의 불만은 한층 높아졌습니다.

사건이 마무리되자 의종은 안심하고 궁 밖으로 나가 연회를 즐겼어요.

이때 무관들은 끼니도 거르며 연회장을 지켜야 했습니다. 더구나 내관이나 문신들이 잔심부름까지 시키는 통에 그 모욕감이란 이루 말할 수 없었지요.

"아니, 우리가 종이야 뭐야? 정말 너무하는군."

참다 못한 이의방과 이고, 채원 등이 상장군 정중부를 찾아가 거사를 제의했어요. 건방진 문신들을 모조리 죽이고 무신들의 세상을 만들자는 것이었어요. 이에 정중부는 망설이며 찬성도 반대도 하지 않았어요. 하지만 이의방과 이고는 정중부가 자신들과 뜻을 같이한 것으로 알고 돌아갔지요.

1170년 8월 29일, 의종은 문신들과 함께 궐 밖의 화평재로 나가서 놀았

고 있었고, 그 곁에는 옛날 정중부의 수염을 촛불로 태웠다가 두들겨 맞았던 김돈중도 있었어요.

'내가 저런 자의 술자리 곁을 지키다니 있을 수 없는 일이다.'

비로소 거사의 마음을 굳힌 정중부는 이의방, 이고와 상의해서 다음 날 의종이 환궁하지 않고 보현원으로 행차하는 때를 거사일로 잡았어요. 이때 술에 취한 의종이 무관과 호위병들에게 수박희 시합을 명했어요. 그리하여 대장군 이소응과 장교 한 사람이 시합을 벌였는데, 늙은 이소응은 지쳐 물러났어요. 그러자 한뢰가 갑자기 뛰쳐나와 이소응의 뺨을 치며 소리쳤어요.

"늙은 것이 전하 앞에서 어찌 망령을 떠느냐!"

그 서슬에 이소응은 섬돌 아래로 처박혔어요. 그 모양을 보고 왕의 측근들이 모두가 손뼉을 치면서 즐거워했어요.

"하하, 잘했다. 잘했어. 늙으면 집에서 애나 봐야지."

이에 정중부는 크게 노하여 소리쳤어요.

"한뢰, 이놈! 대장군이 비록 무관이지만 벼슬이 3품인데 어찌 네까짓 게 함부로 대하느냐!"

거구의 상장군이 노성을 지르자 일순 장내의 분위기가 싸늘해졌지요. 그때 이고가 일을 벌이려 하자 정중부가 눈짓으로 막았어요. 험악해졌던 이 사태는 의종이 정중부를 달램으로써 일단락이 되었지요.

이윽고 어가가 보현원에 이르자 이고와 이의방은 왕명이라며 호위병들을 한 곳에 모았어요. 그때 왕이 정자 안에 들어섰고 문신들이 밖으로 나오자 이의방과 이고가 고함을 지르며 달려가 임종식과 이복기를 단칼에 죽여 버렸어요.

"때가 왔다. 문신 놈들을 모두 죽여라!"

이의방이 피 묻은 칼을 들고 소리치자 무신과 병사들이 일제히 칼을 뽑아들고 한뢰를 비롯해 주변에 있던 문관들과 내시, 환관들을 남김없이 죽였어요. 그런 다음 무신들은 곧장 대궐로 달려가 별감 김수장을 비롯한 수십 명의 관원과 허홍재 등 50여 명의 문신들을 잡아 죽였어요.

"상 장군, 이게 대체 무슨 일이오. 제발 멈추시오."

당황한 의종이 정중부에게 애걸했지만 이미 사태는 돌이킬 수 없게 되었어요. 정중부와 이의방, 이고 등 무신들은 그날 환관 왕광취, 백자단, 내관 영의, 유방의의 목을 베어 저자거리에 매달게 하고 의종의 대궐 밖 저택인 관북택, 천동택, 곽정동택을 빼앗아서 나누어 가졌어요.

"이제 우리 세상이 되었으니 왕도 갈아 치우자."

정중부는 그 해 9월, 의종과 태자를 각각 군기감과 영은관에 가두었다가 거제현과 진도현으로 추방하고 왕의 아우인 익양공 왕호를 왕위에 올렸어요. 그리하여 정중부, 경대승, 이의민, 최충헌 일가로 이어지는 1백여 년간의 무신정권이 열리게 되었습니다.

왕위에서 쫓겨난 의종은 1173년 8월까지 거제현에 머물다 무신정권에 반발한 김보당에 의해 경주로 옮겨갔어요. 하지만 김보당의 거병이 실패한 두 달 뒤, 이의민에 의해 곤원사 북쪽 연못가에서 죽임을 당했어요. 당시 의종의 나이는 47세였습니다.

알면 재미있는 이야기

최초의 무신정권을 수립한 정중부

　정중부는 해주 사람으로 키가 7척이나 되는 거인이었어요. 정중부는 청년 시절 군적에 올라 개경에서 근무했는데, 당시 재상인 최홍재가 근위병을 뽑다가 그를 보고 감탄하며 궁궐 호위대인 공학금군에 편입시켰어요. 정중부는 얼마 후 초급 장교인 견룡대정이 되었는데, 당시 김부식의 아들인 내시 김돈중이 그를 우습게 보고 촛불로 수염을 태웠다가 늘씬 얻어맞았어요. 이에 김부식이 분개하여 정중부를 벌하라고 청했지만 인종은 그를 몰래 도망시켜 화를 면케 해주었습니다.
그 후 김돈중에게 원한을 품게 된 정중부는 문관들에 대한 적대감을 키웠어요. 이윽고 의종이 왕위에 오른 뒤 교위가 된 정중부는 왕의 신임을 받아 궁궐의 북문을 통해 왕궁을 제집 드나들 듯 했어요. 이에 어사대에서 그 일을 문제 삼았지만 의종은 개의치 않았습니다.
　이윽고 상장군이 된 정중부는 여러 무관들과 함께 의종의 미행을 경호하게 되었어요. 당시 의종은 날이면 날마다 연회를 열고 향락을 즐겼어요. 이때 임종식, 한뢰, 이복기 등의 문신들이 노골적으로 무신들을 모욕하자 정중부는 이의방, 이고 등 장수들의 제안을 받아들여 보현원에서 문신과 환관, 내시 등을 모조리 죽여 버렸습니다. 이윽고 의종을 폐하고 명종을 옹립한 뒤 이의방이 이고와 채원 등을 죽이고 실권을 쥐자 정중부는 의기소침해졌어요. 하지만 김보당의 난 이후 이의민을 시켜 의종을 죽인 이의방은 민심을 잃었어요. 얼마 뒤 이의방이 서경유수 조위총의 난을 진압하기 위해 동분서주하자 정중부는 계책을 꾸며 아들 정균으로 하여금 그를 죽이게 하고 정권을 장악했습니다.

마침내 고려 최고의 벼슬 문하시중이 된 정중부는 1075년 궤장을 하사받아 70세가 넘어서도 권력을 행사했어요. 그렇지만 정중부는 1078년에 사직한 뒤에도 계속 조정을 주무르다 1079년 경대승에게 일족이 모조리 살해당하는 비극을 맞았습니다.
'칼로 일어선 자 칼로 망한다' 라는 진리가 그 때에도 통했던 것일까요?

윤관 장군 묘에 있는 무신상

심약하고 우유부단했던 명종

(재위 : 1170~1197년)

고려 제19대 임금 명종은 정변을 일으킨 정중부에 의해 왕위에 올랐습니다. 그는 인종의 셋째 아들로 우유부단하고 소심한 성격을 가지고 있었는데, 예전부터 왕위를 은근히 탐내고 있었음을 잘 알고 있는 무신들은 그런 명종의 성격을 이용했어요.

"임금을 잘 달래면 우리들의 세상을 만들 수 있어."

명종은 즉위하자마자 정중부와 이고, 이의방 등을 벽상공신으로 삼았고 양숙과 채원 등을 역시 공신으로 삼았어요. 그 때부터 무신들은 권력기구인 중방을 설치한 다음 그곳에서 모든 정사를 결정했어요. 조정의 살아남은 문신들은 중방에서 결정된 내용을 꼭두각시처럼 왕에게 보고하고 시행해야 했어요.

이렇듯 무신들은 고려의 정권을 장악했지만 각자 다른 뜻을 품고 있었는데, 권력을 나누어 갖기보다는 독점하고 싶어 했던 것이지요.

'내가 정중부와 이의방에 비해 못난 게 뭐야.'

드디어 1171년, 성미 급한 이고가 제일 먼저 군사를 일으켰어요. 하지만 이고의 움직임을 주시하고 있던 채원과 이의방은 즉시 역습을 가해 그를 죽였어요. 그로부터 얼마 지나지 않아 채원이 또 군사를 일으키려다 이의방에게 발각되어 목숨을 잃었어요. 이렇게 경쟁자들을 연이어 제거한 이의방이 고려의 최고 권력자로 등장하게 되자, 이때부터 정중부는 이의방의 눈치를 살피는 처지가 되었습니다.

이듬해, 귀법사 승려 1백여 명이 도성 북문으로 침입해서 이의방을 공격했지만, 용맹스러운 이의방은 그들을 모두 물리쳤어요. 자신을 공격한 것에 화가 난 이의방은 군대를 동원해 중광사, 홍호사, 용흥사, 묘지사, 북흥사 등 수많은 절을 허물고 약탈했어요. 이 일로 이의방에 대한 원성이 몹시 높아졌어요.

1173년 8월, 동북면병마사인 김보당이 경주에서 군사를 일으켰어요. 그는 한언국을 시켜 의종을 거제도에서 경주로 모셔오게 한 다음 무신정권을 향해 도전했던 것이지요. 하지만 그들은 이의민과 박존원이 이끄는 토벌군에 의해 참패하고 말았어요. 이때 이의방의 밀명을 받은 이의민은 의종을 살해하여 곤원사 북쪽 연못에 던져 버렸습니다.

이의방은 김보당의 난을 진압한 다음, 조정의 문신들이 내통해 일어난 사건이라 여기고 또 다시 수많은 문신들을 죽였어요. 이때 그의 형 이준의는 이의방을 만류하며 이렇게 꾸짖었어요.

"너에게는 세 가지 큰 죄가 있다. 첫째, 임금을 추방하고 살해한 뒤 그 집과 첩을 강탈한 죄, 둘째, 태후의 딸을 협박하여 간음한 죄, 셋째, 국정을 마음대로 휘저은 죄이다."

그 말에 대노한 이의방은 형마저 죽이려 했어요. 하지만 아우 이린의 장인인 문극겸이 말린 덕분에 이준의는 간신히 죽음을 면할 수 있었어요. 그만큼 이의방의 성품이 포악했다는 증거이지요. 얼마 뒤 좌승선이 된 이의방은 딸을 태자비로 들여 권력을 강화하려 했어요. 그러자 주변의 무신들까지 그를 비난하기 시작했어요.

"이의방은 죽을 때까지 권력을 쥐고 있을 속셈이군."

1174년 9월, 서경유수 조위총이 군사를 일으켰어요. 이때 포악한 무신 정권에 지친 수많은 백성들이 호응하여 자비령 이북의 땅은 모두 서경군에게 들어갔어요. 그러자 이의방의 명을 받은 윤인첨이 앞길을 막아섰지만 실패로 끝나고 말았어요.

"역적 이의방을 죽이고 새 세상을 만들자."

이와 같은 뜻으로 굳게 뭉친 서경군은 연전연승을 거두며 개경을 향해 다가왔어요. 그러자 이의방은 화가 머리끝까지 치밀어 올랐어요.

"조정에 서경 출신들을 모조리 없애버리겠다."

그는 이렇게 소리치며 윤인미, 김덕 등 서경 출신의 대신들을 모조리 죽인 다음 대군을 이끌고 출전했어요. 이의방이 직접 군대를 지휘하자 전세는 역전되었고, 이에 조위총은 후퇴하여 서경성에 진을 치고 대항했지만,

무신정권의 변천 과정

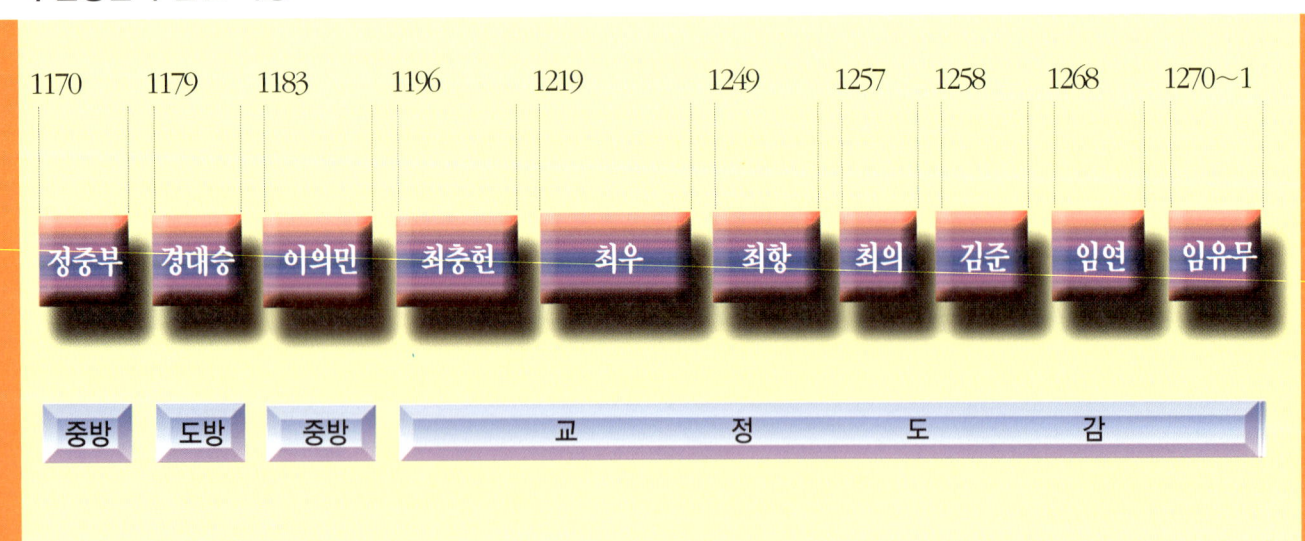

싸움은 일진일퇴로 승부가 나지 않았어요. 이윽고 겨울이 오자 이의방은 군대를 물려 전열을 정비한 다음 12월에 다시 출전하기로 했어요. 그때 이의방은 선의문 밖에서 토벌군을 격려하기 위해 몇 명의 호위병들과 함께 외출했어요.

그때 호시탐탐 이의방을 죽이고 정권을 빼앗으려던 정중부 측에서 거사를 단행했어요. 정중부의 아들 정균이 승려 종감과 함께 이의방을 살해하는 데 성공했던 것이지요.

이의방이 사라지자 곧 정중부의 세상이 되었어요. 그는 조정에 남아 있던 이의방의 측근들을 모조리 죽이거나 유배형에 처한 다음 시중이 되어 권력을 장악했습니다.

오래도록 그를 괴롭히던 조위총의 난은 1176년 7월까지 계속되었다가 윤인첨에 의해 서경성이 함락됨으로써 마무리지어졌어요. 하지만 그 해 1월, 공주의 천민부락인 망이와 망소이가 난을 일으켜 세찬 기세로 공주를 함락시켰어요.

"천민으로 평생 괄시받으며 살 수는 없다."

"정중부 같은 자도 시중이 되는 세상인데 우리도 한번 새 세상을 열어 보자."

망이와 망소이는 설움 받던 백성들과 천민들을 선동해 엄청난 세력을 형성했어요. 그들은 토벌군을 격파하고 예산을 지나 충주까지 점령했어요. 이에 대장군 정세유가 다시 대군을 이끌고 그들과 맞서서, 결국 몇 차례의 싸움에서 훈련이 잘 된 토벌군은 반란군을 격퇴했어요.

이에 궁지에 몰린 망이, 망소이가 화친을 요청함으로써 싸움은 잠시 멈췄어요. 하지만 두 달 뒤 토벌군은 대공세를 감행하여 망이, 망소이 등 주동자들을 사로잡음으로써 난을 진압할 수 있었어요. 이 망이, 망소이의 난은 비록 실패했지만 고려 사회의 신분질서를 타파하고 인간다운 권리를 찾고자 일으킨 최초의 신분 해방운동이라고 할 수 있습니다.

이처럼 수년 동안 나라 각처에서 반란이 끊이지 않아 민심은 흉흉해지고 백성들은 많은 고통을 받았어요. 하지만 정중부를 비롯한 무신들은 이에 아랑곳하지 않고 무고한 백성들을 죄인으로 몰아 가둔 뒤 뇌물을 받고 풀어주는 등 탐욕을 채우기 위해 온갖 나쁜 짓을 서슴지 않았어요.

"저들의 횡포를 더 이상 묵과할 수 없다. 내가 제대로 된 나라를 만들어야겠다."

1179년 9월, 26세의 청년장수 경대승은 이런 생각으로 혁명의 칼을 뽑아들었어요. 그는 허승 등과 함께 불시에 군사를 일으켜 정중부와 아들 정균을 죽이고 측근들을 모조리 없애 버리고, 도방을 설치한 다음 정사를 독점했어요.

경대승은 거사가 성공한 뒤 사리사욕을 채우려던 동료 허승과 김광립 등을 몰아내고, 문신과 무신을 고루 조정에 등용했어요. 경대승은 모든 일을 광명정대하게 처리했으므로 백성들의 환영을 받았지요. 1181년에는 한신충, 채인정, 박돈순 등의 반란을 진압하고 자신의 체제를 더욱 굳게 다졌어요. 하지만 경대승의 권력기간은 너무나 짧았어요. 1183년 7월, 경대승은 갑자기 '정중부의 귀신을 보았다'는 헛소리를 하며 병석에 눕더니 곧 세상을 떠났습니다. 정권을 잡은 지 불과 4년 만의 일이었어요.

이처럼 경대승이 허무하게 죽자 고려는 무신정권에서 벗어날 수 있는 절호의 기회를 맞이했어요. 당시 고려 조정에는 경대승의 권력을 이어받을 만한 무신이 없었기 때문이에요. 그런데 심약한 임금 명종은 의종을 죽인 이의민을 조정에 불러들여서 그 기회를 스스로 잃고 말았어요.

경대승이 두려워 경주에 내려가 있던 이의민이 돌아왔어요.

'하하, 이제 내 세상이 되었구나.'

명종은 이의민이 반란을 일으켜 자신을 쫓아낼까봐 자진해서 그를 맞아들였어요. 그 결과 고려는 다시 무신정권 속에 놓이게 되었습니다.

정권을 잡은 이의민은 형부상서, 상장군, 문하평장사 등의 벼슬을 지내며 온갖 패악을 일삼았어요. 또 그의 아들 이지영과 이지광까지 아버지의 힘을 믿고 날뛰는 바람에 백성들의 원성이 자자했습니다. 그 후 10년도 넘게 권세를 누리던 이의민은 급기야 왕위까지 욕심을 내게 되었어요.

이때 청도에서는 김사미의 난, 울산에서는 효심의 난이 일어났어요. 이에 명종은 대장군 전존걸에게 반란군을 진압하도록 명했습니다. 그러자 이의민은 자신의 아들 이지순을 김사미와 효심에게 보내 은밀히 신라를 재건하려는 음모를 꾸몄어요.

'이지순을 죽이자니 이의민에게 죽을 것이고, 이지순을 살리자니 난을 토벌할 수 없으니 진퇴양난이로구나.'

전존걸은 이의민의 음모를 알게 되자 고민 끝에 자살하고 말았어요. 이로 인해 정부군의 토벌작전은 지지부진해질 수밖에 없었습니다. 그러다 이지순이 반란군과 관계를 끊고 난 이듬해에 들어서야 상장군 최인에 의해 겨우 진압될 수 있었어요.

이렇듯 막강했던 이의민의 세도는 어이없이 무너져 버렸습니다. 그것은 당시 녹사로 있던 최충수의 집비둘기를 이의민의 둘째 아들 이지영이 강탈해 간 데서 비롯되었어요. 이 일로 원한을 품은 최충수는 형 최충헌에게 이의민 일파를 제거하자고 권유했고, 평소 이의민을 미워하던 최충헌은 그 제안을 받아들였어요.

　1196년 4월, 최충헌은 이의민이 집을 나와 별장에서 머무는 기회를 틈타 기습공격을 감행하여 이의민을 없앴습니다. 이렇게 해서 이의민의 13년 세도는 허무하게 끝나고 말았습니다.

　드디어 정권을 장악한 최충헌은 이듬해 9월, 무능한 임금 명종을 왕위에서 내쫓은 다음 평양공 민을 왕위에 올렸어요. 즉위 내내 무신들의 눈치를 보며 옥좌를 지켰던 명종은 그 후 창락궁에 갇혀 살다가 뒤 6년 뒤에 세상을 떠났습니다.

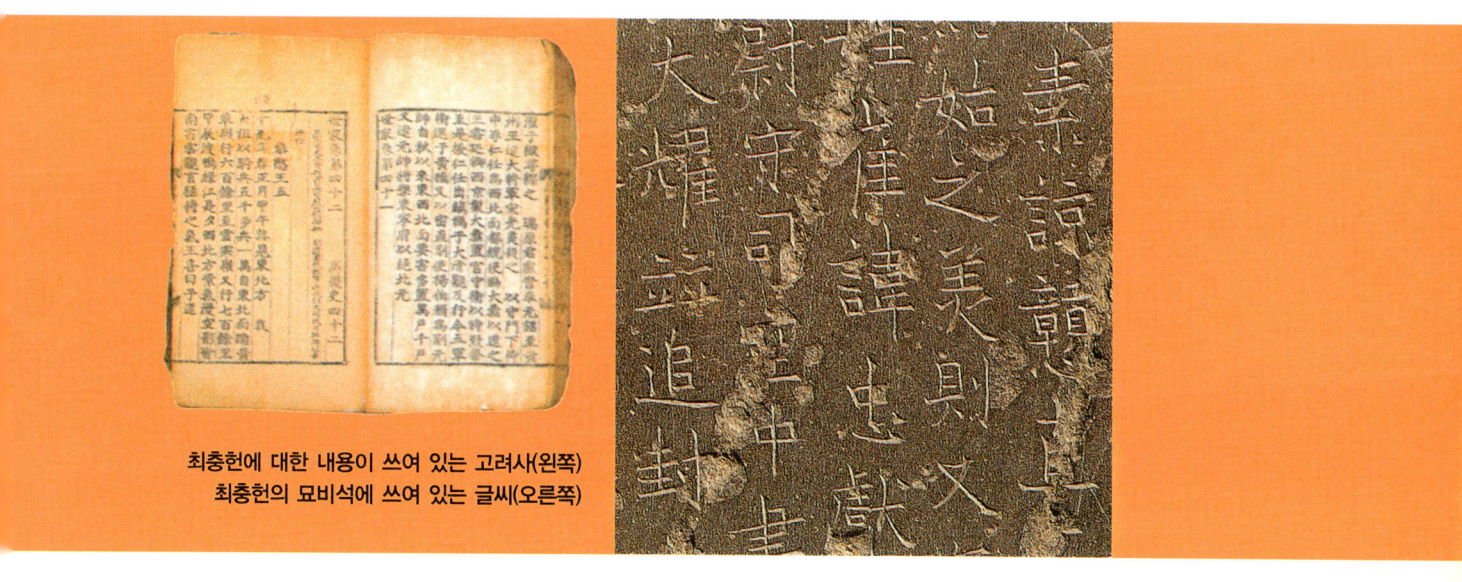

최충헌에 대한 내용이 쓰여 있는 고려사(왼쪽)
최충헌의 묘비석에 쓰여 있는 글씨(오른쪽)

최충헌의 허수아비 신종

(재위 : 1197~1204년)

신종은 인종의 다섯째 아들로 50세가 넘은 나이에 고려의 20대 임금이 되었어요. 그의 이름은 본래 민이었는데 즉위 전날 꿈에 이상한 어떤 사람이 나타나 이렇게 말했어요.

"그대의 이름을 천탁으로 바꾸시오."

잠에서 깨어나 이상하게 생각하고 있는데, 궁궐에서 시종이 달려와 명종이 폐위되고 최충헌이 그를 왕으로 추대했다고 알려왔어요. 왕이 된 이후 신종은 자신의 이름이 금나라 황제와 같았으므로 신하들에게 다른 이름을 지어 바치라고 명했어요. 그러자 참지정사 최당이 탁이란 이름을 지어 바쳤습니다. 신종은 꿈의 내용이 현실로 드러나자 기이하게 생각하고 그대로 따랐어요.

'아, 그 꿈이 내가 왕이 될 것을 암시하는 것이었구나.'

신종이 등극한 후 최충헌은 명종이 깊은 병에 들어 먼 곳으로 요양하러 갔다고 금나라에 알렸어요. 금나라에서는 그 말을 믿고 신종이 이름을 바꾼 것까지 알게 되자 쉽게 책봉을 해 주었습니다. 그렇게 해서 자신의 뜻대로 신종을 허수아비 왕으로 세우는 데 성공한 최충헌은 조정의 실권을 장악하고 정사를 좌지우지하기 시작했어요.

측근들을 요직에 임명하여 병권과 인사권을 움켜쥔 최충헌은 신종에게 봉사12조를 올려 정치개혁을 요구했어요. 그 내용은 왕이 새 궁궐로 옮겨야 하고, 토지 관리를 체계적으로 하며 인재를 등용해야 한다는 것이었어요. 그렇지만 최충헌의 내심은 개혁이 아니라 권력에 있었으므로 조정에는 아무런 변화도 일어나지 않았어요.

변화는 오히려 정변을 일으킨 최충헌 형제에게서 발생했어요. 형이 자신보다 훨씬 큰 권력을 가지고 있다고 생각한 동생 최충수는 경쟁적으로 세력을 키우기 시작했습니다. 급기야 자신의 딸을 태자비로 삼아 왕실까지 장악하려고 했지요.

"아우, 너무 큰 욕심을 품은 게 아닌가. 적당히 해야지?"

최충헌이 이렇게 경고했지만 최충수는 아랑곳하지 않았어요. 그러던 중 박진재를 비롯한 측근들이 그를 부추겼어요.

"최충헌이 나리를 부담스러워하니 반드시 칼을 뽑을 것입니다. 우리가 당하기 전에 먼저 공격하는 것이 어떻겠습니까?"

"뭐라고? 형이 나를 죽이려 한다고? 용서할 수 없지."

성미가 급했던 최충수는 앞뒤 재어보지도 않고 군대를 몰아 최충헌을 공격했어요. 최충헌은 이런 동생의 행동을 좋은 말로 달래려 했지만 듣지 않았어요. 하는 수 없이 최충헌은 측근들을 동원해 최충수의 군대를 쳐부수었어요. 그 과정에서 최충헌은 아우의 목숨만은 살려주려고 했지만 치열한 싸움 도중에 최충수는 목숨을 잃고 말았습니다. 그 소식을 들은 사람들은 최충헌을 이렇게 비난했어요.

"권력에 눈이 머니 동생도 가차 없이 죽이는구나."

이와 같은 형제간의 권력 쟁탈전을 거쳐 자신의 권력을 강화시킨 최충헌은 이후 거리낄 것이 없이 독재정치를 펼쳤어요. 최충헌은 과거 무신정권의 지도자들이 갑작스런 공격으로 죽었음을 되새기며 무사들을 항상 거느렸고, 3천 명 이상의 사병

으로 집안을 물샐틈없이 지키게 했어요.

그는 또 자신의 안방에서 신하들을 불러 나라 일을 결정하고 신종에게는 알려주지도 않았어요. 이런 최충헌의 행동에 원로대신들이 반발하자 1199년 6월, 최충헌은 최당, 우술유 등 20명의 대신들을 조정에서 쫓아내 버렸어요.

이렇게 최충헌이 마음대로 정사를 주무르자 조정은 그에게 아부하는 관리들로 가득 차게 되었어요. 그러니 자연히 뇌물이 오가게 되었고, 최충헌은 막대한 부를 쌓게 되었습니다. 한편, 백성들은 그와 반대로 고통에 신음하게 되었지요. 그러던 가운데 1198년, 최충헌의 노비인 만적이 난을 일으켰어요. 그는 개경의 노비들을 불러 모아 이렇게 큰소리를 쳤어요.

"왕후장상에 씨가 따로 있는가? 우리도 힘을 합치면 정권을 잡을 수 있다!"

하지만 막상 일이 크게 벌어지자 겁을 먹은 노비들이 나타나지 않아 모인 사람은 수백 명에 불과했어요. 이에 만적은 거사를 미루었다가 계획이 발각되게 되면서 모조리 살해당하고 말았어요. 그 뒤에도 나라 각처에서는 난이 잇따랐습니다.

1199년에는 명주, 1201년에는 진주와 밀성, 운문, 김해 등지에서 민란이 일어났고, 1202년에는 탐라에서 번석과 번수의 독립운동이 일어났지만 가까스로 무마할 수 있었어요. 그 해 경주와 영주 백성들 사이에서는 전쟁이 나서 영주 쪽이 승리하자 조정에서는 경주에 중앙군을 파견해 경주백성들을 감시했어요. 그러나 이에 반발한 패좌 등이 민란을 일으켰습니다.

이렇듯 나라가 어지러웠지만 최충헌은 승승장구 직위가 높아져 1203년에는 중서시랑평장사 및 이부상서 판 어사대사 태자소사란 직위로 조정의 병권과 인사권, 행정권을 완전히 손에 쥐었어요. 그 결과 최충헌 일파는 장기 집권할 수 있는 기반을 마련했어요.

이때 고려의 왕실은 완전히 힘을 잃어 있으나 마나 했어요. 임금의 권위는 땅에 떨어졌고 오로지 최충헌이 시키는 대로 도장이나 찍어주는 허수아비일 뿐이었어요. 신종은 그렇게 힘없는 왕위를 지키다가 1203년 12월 등창으로 병석에 눕더니 이듬해 둘째 아들 덕양후의 저택에서 숨을 거두었습니다.

무신정권과 정면대결했던 희종
(재위 : 1204~1211년)

고려 제21대 희종은 형식적으로나마 왕실의 예법에 따라 신종의 선위를 받아 왕위에 올랐어요. 그러므로 권력은 없었지만 왕으로서의 정통성은 있었어요. 이는 무신정권에 맞설 수 있는 대의명분을 보장해 주는 것이었어요.

"무신정권을 몰아내고 왕권을 되찾아 드리자."

희종이 즉위하자마자 조정에서는 최충헌을 제거하려는 인물들이 하나 둘씩 나타나기 시작했어요. 1204년에는 장군 이광실이 거사 계획을 세웠다가 발각되었고, 1209년에는 청교역리 3명이 모의하다 귀법사 승려의 고발로 실패하고 말았습니다.

'이거 조짐이 이상한 걸. 반란의 싹을 아예 잘라 버려야겠다.'

최충헌은 조정의 분위기가 심상치 않다는 것을 알고 교정도감을 설치한 다음 대대적인 정적 제거작업을 실시했어요. 그리하여 우복야 한기와 세 아들, 장군 김남보 등 9명을 처형하고 주변 인물들을 귀양 보냈습니다. 그때부터 고려에는 교정도감이란 새로운 권력기관이 등장하게 되었어요.

'이젠 아무도 나를 넘볼 사람이 없을 거야.'

이후 더욱 권력의 고삐를 당긴 최충헌은 민가 백여 채를 헐고 대궐과 맞먹을 정도의 집을 지었어요. 그리고 자기 눈에 거슬리는 자가 있으면 반역으로 몰아 가차 없이 죽였고, 개인적인 치부를 위해 국법을 제멋대로 적용했어요. 하지만 이런 서릿발 같은 상황에서도 최충헌을 노리는 칼날은 쉬지 않았어요.

'언제까지 최충헌의 눈치를 보며 왕위에 앉아 있을 수는 없다. 그를 제거하고 왕실의 권위를 되찾아야겠다.'

1211년, 희종은 내시와 승려들과 함께 최충헌 제거 계획을 세우고, 그 해 12월 마침내 일을 도모했어요. 최충헌이 왕을 뵙기 위해 내전으로 들어오자 내관들은 왕이 술과 음식을 하사했다면서 그의 부하들을 궁궐 깊숙한 곳으로 유인했습니다. 그들이 아무런 의심 없이 따라오자 숨어 있던 10여 명의 승려와 무사들이 습격해서 전투가 벌어졌어요.

"이크, 이게 무슨 소리야. 큰일났군."

최충헌은 밖에서 칼이 부딪히는 소리가 들려오자 자신을 죽이기 위해 누군가가 자객을 보낸 줄 알고 희종에게 달려가 애원했어요.

"전하, 사태가 급하니 저를 좀 숨겨주십시오."

그렇지만 희종은 방문을 걸어 닫고 아무 대꾸도 하지 않았습니다.

'이런, 임금도 한패였군.'

다급해진 최충헌은 이리저리 헤매다가 궐 내에 있는 지주사 다락으로 기어들어가 몸을 숨겼어요. 승려들이 내전을 샅샅이 뒤졌지만 아무도 그를 발견하지 못했어요.

한편 대궐 안에서 사고가 생겼다는 사실을 알게 된 최충헌의 심복 김약진과 장인 정숙침이 교정도감의 군사들을 이끌고 달려왔어요.

가까스로 목숨을 건진 최충헌은 화가 나서 즉시 복수를 단행했어요. 거사의 주모

자인 내시낭중 왕준명과 참정 우승경, 추밀원사 홍정, 장군 왕익 등을 죽였고, 그에 동조한 사람들을 모두 찾아내 귀양보내 버렸습니다.

특히 거사를 지휘한 희종을 폐위시켜 강화도에 연금시켰어요. 한창 나이였던 31세의 희종은 그렇듯 허무하게 왕위에서 쫓겨나고 말았습니다. 그 후 희종은 자란도를 거쳐 말년에 법천정사로 옮겨졌고, 고종 24년인 1237년에 세상을 떠났습니다.

희종을 쫓아낸 최충헌은 아들 최이와 평장사 임유에게 명하여 명종의 아들인 한남공 왕정으로 하여금 왕위를 잇게 했어요. 무신정권 시대에는 이렇듯 권력자가 입맛에 맞는 인물을 골라 마음대로 왕으로 삼았답니다.

그렇듯 1211년, 갑작스레 왕위에 오른 고려 22대 강종의 나이가 60세였어요. 강종은 일찍이 부왕 명종이 퇴위당한 뒤 강화도에서 14년 동안 유배 생활을 한 적이 있었으므로 몸이 몹시 약했어요. 강종은 즉위한 뒤 최충헌이 머무르던 흥녕부를 진강부로 고치고 국사를 교정도감에 일임하는 등 꼭두각시처럼 일한 뒤 1213년 8월 태자 왕진에게 왕위를 물려주고 세상을 떠났습니다.

희종과 강종 이후 고려는 오랜 무신정권의 회오리바람을 거친 후, 몽고라는 북쪽에서 몰려드는 거대한 태풍과 마주치게 된답니다.

몽고의 거센 태풍에 시달렸던 고종

(재위 : 1213~1259년)

고려의 제23대 임금 고종은 강종의 맏아들로 최충헌에 의해 왕위에 올랐어요. 당시 고려를 둘러싸고 있는 국제정세는 매우 심각한 상황이었어요. 몽고가 강성하여 거란을 동쪽으로 몰아냈고, 송나라는 멸망의 위기에 몰렸으며 금나라는 만노가 반란을 일으켜 동진을 세우는 등 안팎으로 혼란스러웠습니다. 고려 역시 몽고의 위협 속에서 안전할 수 없었어요.

1216년 8월, 몽고군에 쫓긴 거란족이 압록강을 건너 고려 땅에 밀려들었어요. 이에 고려는 상장군 노원순을 보내 방어하도록 했지만 결사적인 거란군의 기세를 감당하기 어려웠어요. 거란군은 개성까지 쳐들어와 혜종의 능을 도굴하고 원주와 예천까지 함락시켰습니다.

"우리 함께 골칫거리인 거란을 없애버립시다."

고려는 몽고와 동진, 금나라에 제의해서 거란군을 함께 격퇴하기로 했어요. 1218년 12월, 김취려가 이끄는 고려군은 몽고군 1만 명, 동진군 2만 명과 함께 화주, 맹주, 순주, 덕주 등을 함락시키고 거란군이 버티고 있던 강동성을 포위했어요.

수세에 몰린 거란군은 맹렬히 저항했지만 연합군의 기세를 감당하지 못하고 이듬해 정월에 결국 항복하고 말았습니다. 사태가 마무리되자 고려는 몽고의 장수 합진의 요청을 받아들여 몽고와 형제국이 되었습니다.

1219년 권력자 최충헌이 병으로 자리에 눕자 그의 아들 최우와 최향이 세력다툼을 벌여 최우가 후계자가 되었어요. 그 해 9월, 최충헌이 세상을 떠나자 최이는 고려의 실권을 장악하게 되었지요.

'아버지의 잘못을 나까지 따라해선 안 되겠다.'

최우는 성품이 너그러운 사람으로 아버지 최충헌이 빼앗은 백성들의 집과 논밭을 돌려주었고, 조정에 문신들을 받아들이는 등 정사를 제자리에 돌려놓기 위해 애썼어요. 그 해 10월, 의주별장 한순의 난이 일어났지만 금나라의 협조로 무난히 진압할 수 있었어요.

한편 형제지국의 맹약을 맺은 뒤 몽고는 수시로 사신을 보내 공물을 요구했고 내정간섭을 일삼았어요. 이에 최우는 의주와 화주, 철령 등지에 성을 쌓아 장차 일어날 몽고와의 전쟁에 대비했어요. 그런데 1225년 몽고 사신 착여가 고려에 왔다 돌아가는 길에 도적들에게 피살당하는 사건이 일어났어요. 몽고가 그 일을 트집잡아 고려와 국교를 끊자 양국간에 전운이 감돌았어요.

"너희들이 우리 사신을 죽였으니 가만두지 않겠다."

최우는 사태가 심각해지자 정방을 설치하여 국력을 한 곳으로 모았어요. 또 1227년에는 서방을 설치하여 유학자들의 지혜를 빌렸어요. 그리하여 최우는 정방과 서방을 통해 문무대신을 모두 거느림으로써 엄청난 권력을 행사할 수 있게 되었어요. 또한 백성들을 괴롭히는 도적들을 소탕하기 위해 야별초를 조직했어요. 이 야별초는 훗날 삼별초로 발전되어 무신정권의 수호부대가 되었고, 훗날 몽고와 끝까지 항전한 용맹스런 군대이기도 했습니다.

1231년 8월, 드디어 몽고의 살례탑이 처음으로 고려를 침입해 왔어요. 그들은 의주를 통과하여 12월에는 개경을 포위했습니다. 이에 고려는 회안공 왕정을 몽고군 진영에 보내 뇌물로 달랜 끝에 화의조약을 맺을 수 있었습니다. 몽고군은 이듬해 철수하면서 서북면의 40개 성에 총독을 뜻하는 다루가치를 남겨두었어요.

'몽고군은 반드시 다시 쳐들어올 것이다. 이에 대비해야겠다.'

이렇게 생각한 최우는 도읍을 강화도로 옮기고 백성들을 산성과 섬으로 이주시키는 등 몽고와의 전면전을 준비했어요. 이윽고 내시 윤복창과 서경순무사 민희 등이 몽고가 남겨둔 다루가치를 공격하자 몽고군이 다시 압록강을 건너왔어요. 이미 전쟁 준비를 마친 고려군은 군관민이 합심하여 싸우자 수원의 처인성에서 김윤후가 몽고의 원수 살례탑을 죽이는 등

대승을 거두었어요. 졸지에 지휘관을 잃은 몽고군은 허둥지둥 철수할 수밖에 없었지요.

1233년과 1234년, 동진과 금을 연이어 멸망시킨 몽고는 살례탑의 복수를 외치며 또 다시 쳐들어 왔습니다. 그러자 고려는 '팔만대장경'을 만드는 등 불법에 의지하면서 한반도 전역에서 가열차게 항전했어요.

"부처님의 법력이 우리 고려와 함께 하신다. 한번 싸워보자."

몽고군은 이와 같은 고려의 강한 투지와 내부의 권력투쟁으로 인해 서둘러 본국으로 돌아갔어요. 1247년에 몽고군은 또 다시 공격해 왔다가 몽고국왕이 죽었다는 소식을 듣고 철수했습니다.

이처럼 몽고의 침입이 계속되는 가운데 1247년 최우가 세상을 떠났어요. 그러자 권력을 물려받은 아들 최항은 아버지와 마찬가지로 몽고에 강

력하게 맞섰습니다. 이때 몽고는 고려국왕이 육지로 나오고 도읍을 원래 수도인 개경으로 옮기라고 요구했어요.

고종은 강화도에서 나와 개경으로 돌아간 다음 몽고와 화친하기를 바랐지만 최항은 끝까지 몽고와 싸울 생각으로 왕을 붙잡았어요. 자신들의 요구가 받아들여지지 않자 몽고군은 1254년에 다시 침략하여 20만 명 이상의 고려 백성들을 죽였어요. 그렇지만 고려는 삼별초 군을 중심으로 강력하게 저항해서 몽고군의 피해 역시 만만치 않았습니다.

"우리가 당한 만큼 너희들도 당해야 해."

최항은 조금도 물러서지 않고 몽고군과 싸웠어요. 그 와중에 고종은 뛰어난 언변을 지닌 김수강을 몽고 왕에게 보내 몽고군의 철군을 요청했어요. 이때 몽고국왕은 고려국왕의 친조와 출륙환도를 다짐받고 군사를 물

강화의 고려 궁터

렸습니다. 친조란 고려 왕이 몽고에 가서 고개를 숙이는 일이고, 출륙환도란 도읍인 강화도를 나와 옛 도읍인 개경으로 돌아오는 일이지요. 하지만 고려는 그 약속을 지키지 않고 해마다 보내던 공물조차 끊어버렸어요.

1257년, 최항은 병이 들어 권력을 서자인 최의에게 맡기고 세상을 떠났어요. 그런데 최의는 나이가 어리고 판단력이 흐렸으므로 고려 내부에서는 권력 투쟁이 벌어지게 되었지요.

그런 와중에 몽고는 태자의 입조를 요구하며 1258년 또 다시 침입해 왔습니다. 이에 고려군이 예전처럼 맞서 싸우고 있는 가운데 유경, 임연, 김준 등이 모의하여 최의를 살해했어요. 그로 인해 오랜 최씨 무신정권이 끝나고 김준과 임연, 유경 등이 권력을 나누어 가지게 되었어요.

그 결과 그 해 12월, 고려에서는 박희실과 조문주를 사신으로 보내 몽고의 제안을 받아들일 것을 약속하고 화친을 맺었어요. 그리고 1259년에 태자가 40명의 대신과 함께 몽고에 들어감으로써 28년 동안의 전쟁은 완전히 끝났습니다.

드디어 고대하던 평화가 찾아왔지만 오랜 전쟁으로 심신이 쇠약해진 고종은 그 해 강화도에서 68세를 일기로 세상을 떠났습니다.

알면 재미있는 이야기

세계문화유산으로 지정된 《팔만대장경》

경남 합천의 가야산 해인사에 있는 팔만대장경

팔만대장경의 정식 명칭은 《해인사고려대장도감판》이라고 해요. 고종 23년 1236년에 대장도감을 설치하여 만든 목판각으로, 현재 해인사 장경각에 보관되어 있으며 《고려대장경》이라고 부르기도 합니다. 매수가 8만여 판에 이르고 8만 4천의 번뇌를 풀어내는 8만 4천 법문이 담겨 있으므로 《팔만대장경》이라고 부르는 것이지요.

고려는 현종 2년인 1011년에 거란이 침입하자 국력을 하나로 모으기 위해 대장경 판각을 시작했는데 그것을 《초조대장경》이라고 해요. 그 후 문종의 아들인 대각국사 의천이 중국과 일본에서 모아온 불경을 바탕으로 《신편제종교장총록》이란 목록을 만들자, 그것을 바탕으로 선종 대에 판각을 해서 《속장경》이 만들어졌지요.

이 《초조대장경》과 《속장경》은 부인사에 보관되었다가 1232년 몽고군의 침입으로 불타고 말았습니다. 이에 최우는 1236년에 대장도감을 설치하여 대장경을 판각하게 했는데, 무려 12년 동안의 공을 들인 끝에 《팔만대장경》이 완성되었답니다. 그 후 대장경은 강화도성 서문 밖의 대장경판당에 보관되었다가 1318년에 선원사로 옮겨졌고, 1398년에 해인사로 옮겨져 현재까지 보관되고 있습니다.

이 《팔만대장경》은 수차례 인쇄되어 전국 사찰에 보관되었고 일본에도 보내졌어요. 현재는 동국대학교가 1953년부터 23년 동안 축소판 영인본을 만든 다음 전 세계 유명도서관에 보냄으로써 우리 민족의 역량을 한껏 과시하기도 했습니다. 《팔만대장경》은 단순한 법문의 판각이 아니라 고려인들의 애국심과 지혜가 담긴 민족의 보물이랍니다.

팔만대장경을 제작하는 모습 재현

원나라의 도움으로 무신정권을 몰아낸 원종

(재위 : 1259~1274년)

원종은 1241년에 태자로 책봉된 뒤 1259년에 몽고와의 화의 조건에 따라 몽고에 들어갔어요. 그 해 6월, 고종이 세상을 떠나 제24대 임금이 되었지만, 이듬해 3월에야 고려에 돌아와 나라를 다스릴 수 있었습니다.

당시 몽고는 세조 쿠빌라이가 황제로 등극한 다음, 원이란 국호를 쓰기 시작했어요. 쿠빌라이는 30년 동안 몽고에 항복하지 않고 맞서 싸운 고려에 호감을 갖고 있었어요. 때문에 고려의 태자 원종이 자신을 따르자 몹시 기뻐하면서 일국의 국왕 대접을 해 주었어요. 또 원종이 귀국할 때는 심복인 수리대가 호위하게 했습니다. 이로 인해 원종 역시 원나라를 좋아하게 되었습니다.

"원나라 황제가 우리 고려를 이처럼 존중하니 어찌 가까이 하지 않겠는가"

당시 고려에서는 개경으로 환도하기 위해 궁궐 공사가 한창이었어요. 하지만 당시 실권자였던 무신 김준 등은 강화도에 머물며 원나라와 싸울 계획을 갖고 있었어요. 이에 원종은 원나라의 힘을 빌어 무신들을 물리치고 왕권을 회복하기로 마음먹었어요.

'언제까지 무신들의 허수아비 왕 노릇을 할 수는 없지.'

1261년에 원종은 태자 심을 원나라에 보내 쿠빌라이가 경쟁자 아리패가를 이긴 것을 축하했고, 1264년에는 직접 원나라에 다녀오기도 했어요. 그러자 원나라는 고려를 더 이상 경계하지 않게 되었지요. 하지만 원나라에서 출세한 고려인 홍다구와 조이 등이 고려가 일본과 내통하여 원나라에 대항하려 한다고 무고함으로써 두 나라 사이는 다시 나빠졌습니다.

1268년, 원나라는 송나라 정벌에 고려군이 합세할 것을 청했어요. 그러자 김준은 원나라 사신을 죽이고 항전할 마음을 품었지만 원종이 강력하게 반대하자, 김준은 원종을 폐위시킬 생각을 하게 되었어요. 하지만 1268년에 원종이 먼저 선수를 쳐서 삼별초의 사령관인 임연을 시켜 김준을 제거하도록 했어요.

"나는 경을 믿으니 역적을 처단해 주시오."

원종이 이렇게 부추기자 임연은 흔쾌히 그 제안을 수락했어요. 당시 임연은 김준의 심복으로 활약해 추밀원부사까지 올랐지만 김준이 자신을 무시하고 제멋대로 정사를 주무르자 그를 싫어하게 되었어요.

임연은 계획했던 대로 되자 환관 김경, 최은 등과 함께 큰 몽둥이를 궤짝 안에 담고 선물인 것처럼 궁중으로 가지고 들어갔어요. 하지만 임연은 김준이 궁궐에 나오지 않아 몹시 당황했어요. 이에 원종은 측근을 보내 김준을 입궐하게 했어요.

"경과 은밀히 상의할 일이 있으니 빨리 입궐하도록 하시오."

이윽고 김준이 입궐하자 환관 최은이 그를 은밀한 곳으로 안내했어요. 그리곤 기다리던 임연의 부하 김상이 몽둥이로 내리쳐 죽여 버렸어요. 거사가 성공하자 임연은 김준의 동생 김충과 아들 김주를 비롯해 측근들을 남김없이 제거했습니다.

이로 인해 김준의 시대가 끝나고 임연의 시대가 도래했습니다. 임연은 교정별감에 오른 뒤 거사를 함께 했던 김경, 최은 등을 쫓아내고 권력을 손에 넣었어요. 그런데 임연 역시 개경 환도를 서두르던 원종과 충돌하게 되었어요.

"어서 개경으로 돌아가도록 합시다."

"원나라가 언제 공격해 올지 모릅니다."

이렇게 의견이 엇갈리자 화가 난 임연은 원나라에 원종이 위독하여 왕위를 더 이상 지킬 수 없게 되었다는 편지를 보낸 다음, 원종을 폐위시켜 태상왕으로 삼고 안경공 창을 왕위에 올렸어요.

이때 원나라에 머물고 있던 태자 심은 귀국하는 도중 임연이 부왕을 폐위시켰다는 급보를 받고 연경으로 되돌아가 쿠빌라이에게 도움을 요청했어요. 그러자 쿠빌라이는 알탈아불화를 보내 임연에게 국왕폐립사건을 따졌고, 병부시랑 흑적을 보내 원종과 안경공 창, 임연 등을 연경으로 불렀어요. 이와 같은 원나라의 추궁이 거듭되자 임연은 하는 수 없이 원종을 다시 왕위에 앉히고 말았습니다.

얼마 뒤 원종은 안경공 창과 함께 원나라로 떠났지만 임연은 병을 핑계 삼아 아들 임유간을 보냈어요. 쿠빌라이는 임유간을 옥에 가둔 다음 임연이 직접 원나라에 들어오라는 전갈을 보냈습니다. 그러자 임연은 호출을 거부하고 야별초와 백성들을 섬으로 옮긴 다음 원나라와의 일전을 준비했어요. 그러던 도중 임연은 등창이 나서 죽게 되었고, 교정별감 직은 아들 임유무가 이어 받았어요.

원종은 원에 돌아오면서 개경 환도를 계획했어요. 하지만 임유무가 이를 저지하려 하자 무장인 홍문계와 송송례를 시켜 임유무를 없애도록 했어요. 그리하여 무려 1백 년 동안 이어오던 무신정권은 끝나게 되었습니다.

고려 왕조는 드디어 40년 동안 머물렀던 강화도 생활을 청산하고 개경으로 돌아왔어요. 그러자 삼별초를 이끌고 있던 배중손이 승화후 왕온을 왕으로 세우고 반란을 일으켰어요. 이에 원종은 추밀원사 김방경을 보내 반란군 토벌작전을 개시했어요.

이때 원나라의 원수 아해도 군대를 이끌고 삼별초를 공격했습니다. 이에 삼별초는 제주도와 남해안 등지로 옮겨 다니면서 굳세게 저항했어요. 그렇듯 고려 최후의 반원세력이었던 삼별초는 1273년, 여몽연합군에 의해 무너지고 맙니다.

이 후 고려 조정은 원나라의 허수아비 국가가 되버렸어요. 1274년에 원의 매빙사가 와서 남편이 없는 부녀자 140명을 요구하자 결혼도감을 설치해 역적의 처, 노비의 딸 등을 뽑아 원나라에 공녀로 보냈습니다.

얼마 뒤 태자 심과 쿠빌라이의 딸이 결혼함으로써 두 나라는 사돈 관계가 되었습니다. 이에 따라 고려에 대한 원나라의 영향력은 더욱 커졌어요. 그 해 6월, 원종은 태자 심에게 왕위를 물려주고 56세에 세상을 떠났습니다.

알면 재미있는 이야기

원나라와 끝까지 싸운 삼별초

삼별초는 본래 최씨 무신정권의 사병으로 좌별초, 우별초, 신의군으로 구성되어 있어요. 삼별초의 효시는 고종 19년인 1232년, 나라 안의 도적을 잡기 위해 최우가 설치한 야별초였어요. 이후 신의군과 좌, 우별초가 생겨났습니다.

이들은 고려 정규군의 힘이 약해지면서 점차 그들을 대신하게 되었고 몽고와의 오랜 싸움에서도 빛나는 전과로 기세를 올렸어요. 삼별초는 무신정권에 의해 탄생되었지만 최의와 김준, 임유무 등 무신 독재정권을 없애는 데 큰 역할을 했습니다.

그들은 원종이 개경으로 환도하면서 강화에 있는 삼별초의 와해를 시도하려 하자 이에 반발하여 배중손과 노영희의 지휘 아래 반란을 일으키고 승화후 왕온을 왕으로 옹립했어요. 이때 원나라를 싫어하던 많은 백성들이 그들을 성원했어요.

삼별초 항쟁 민족화

삼별초는 강화가 육지와 너무 가까워 몽고군이 공격하기 쉬울 것이라 예상하고 총 1천여 척의 배를 이용하여 남해안에 있는 진도로 근거지를 옮겼어요. 순식간에 남해의 제해권을 장악한 삼별초는 전라도 일대를 세력권에 넣고 위세를 떨쳤습니다. 그러자 고려 조정은 그 해 9월, 김방경을 전라도 추토사로 임명하여 토벌작전에 들어갔는데, 이때 몽고의 원수 아해도 수만 명의 군사를 이끌고는 합세했어요.

여몽 연합군과 삼별초간의 전쟁은 육지에서는 연합군 측이 우세했지만 해전에서는 삼별초가 우세했으므로 일진일퇴를 거듭했어요. 하지만 이듬해 원나라 군대의 지휘관으로 고려인인 홍다구가 임명된 뒤, 여몽연합군은 총공세를 감행하여 배중손과 왕온을 죽이고 진도를 함락시켰습니다. 그러자 김통정은 삼별초를 수습하여 제주도에 본부를 설치하고 총반격을 했어요. 그리하여 다시 남해의 제해권을 되찾았음은 물론이고 지금의 경기도 부천 지역까지 공략하여 연합군에게 커다란 타격을 입혔습니다.

이에 여몽연합군은 1273년에 함선 160척, 병력 1만 명을 동원하여 삼별초의 근거지인 제주도를 공격했어요. 이 싸움으로 인해 삼별초 최후의 지도자인 김통정이 전사하고 1천3백 명의 군사가 모두 포로가 됨으로써 삼별초의 대몽항쟁은 완전히 끝났습니다.

비록 이렇게 실패로 끝나기는 했지만 삼별초의 항쟁은 일반적인 군사반란이 아니라 자주국가를 고수하려는 고려 백성들의 독립전쟁이나 마찬가지였어요. 하지만 이 항쟁을 진압하는 과정에서 원나라는 본격적으로 고려의 내정을 간섭하기 시작했습니다.

제주도 북제주군의 항파두리성
삼별초 군이 몽골군에게 끝까지 항거했던 성

충렬왕에서 공민왕까지

원나라의 빛과 그림자

아들과 왕위를 다퉜던 충렬왕
(재위 : 1274~1308년)

원나라에 살면서 고려를 다스린 충선왕
(재위 : 1298~1308년)

심양왕 왕고와 왕위를 다퉜던 충숙왕
(재위 : 1313~1339년)

희대의 패륜아 충혜왕
(재위 : 1330~1344년)

자주국가의 기치를 높이 든 공민왕
(재위 : 1351~1374년)

충렬왕 대부터 고려는 원나라의 속국과 다름없는 처지가 되고 말았어요. 고려의 왕자들은 어렸을 때부터 원나라에 들어가 살았고, 원나라 공주와 결혼해야 했어요. 충선왕, 충숙왕 등 왕호조차 몽고에 충성한다는 뜻으로 충이란 글자를 써야 했습니다. 또 몽고의 풍습을 따르고 몽고식의 옷을 입어야 했으며 매년 공물과 공녀를 바쳐야 했으므로 백성들의 고통은 이루 말할 수 없었지요. 이런 암흑기에 홀연히 등장한 공민왕은 반원 정책을 통해 자주국가의 기치를 높이 들고 고려에서 원나라의 색깔을 지워내기 시작했어요. 또 대학자 이제현, 개혁가 신돈 등을 등용하여 백성들을 위한 정치를 시행했어요. 노국공주의 죽음과 홍건적의 침입 등으로 인해 실패로 돌아갔지만 우리 민족의 저력이 생생하게 살아 있음을 보여 주었답니다.

아들과 왕위를 다퉜던 충렬왕

(재위 : 1274~1308년)

고려 제25대 충렬왕 대부터 고려는 원나라의 속국으로 전락하게 됩니다. 충렬왕은 세자였던 1272년부터 연경에 머무르다가 1274년, 원나라 세조의 딸 제국대장공주와 결혼해서 사위가 되었습니다. 그 해 6월, 원종이 세상을 떠나자 즉시 귀국하여 39세의 나이로 왕위에 올랐습니다.

충렬왕은 원나라에 있을 때부터 몽고 풍습에 따라 머리를 변발로 바꾸었을 뿐만 아니라 복장도 호복, 즉 원나라 옷을 입고 살았어요. 또한, 충렬왕은 신하들에게도 변발과 호복을 강요했어요. 이처럼 철저하게 원나라 방식을 따랐던 충렬왕은 1274년 원나라와 함께 일본 정벌을 계획했어요.

"아직도 대국인 원나라에 복종하지 않는 일본을 혼내 주어야겠다."

고려에서는 김방경, 임개, 손세정 등이 8천 명의 군사를 동원했고, 원나라에서는 도원수 흘돈, 우부원수 홍다구 등이 약 2만 명의 군사를 동원했어요. 여기에 수군 7천여 명 등 총 4만여 명의 군사가 9백여 척의 군선에 올라 일본을 향해 출동했어요. 그렇지만 대마도에 상륙한 정벌군은 태풍을 만나 본토 정벌을 포기한 채 철수해야만 했습니다.

이 실패로 화가 치민 원나라는 다시 일본 정벌을 위해 고려에 정동행성을 설치한 다음 1281년, 15만 명의 대군을 모아 일본 정벌을 단행했어요. 하지만 이번에도 태풍으로 인해 실패하게 됩니다. 잦은 원정준비로 고려 백성들의 피해가 컸지만 원나라는 아랑곳하지 않았지요. 이 일본 정벌은 1293년 원나라 세조가 사망하면서 비로소 포기했습니다.

그런 가운데 1290년, 원나라를 괴롭히던 내안의 합단군이 고려에 침입하여 충렬왕은 신하들과 함께 허겁지겁 강화도로 피신해야 했어요. 국력이 쇠잔해진 고려는 이때 원나라의 도움으로 겨우 합단군을 몰아내고 1년 반 만에 개경으로 돌아올 수 있었어요.

1294년경 고려는 삼별초의 최후 근거지였던 탐라를 원나라에게 돌려받아 지명을 제주라 고치고 목사를 파견했어요. 이때부터 탐라가 제주로 불리게 된 것이지요.

시간이 갈수록 원나라는 점점 고려를 속국으로 만들어갔어요. 고려의 중서문하성과 성서성을 합쳐 첨의부로, 추밀원은 밀직사로, 어사대는 감찰사로 격하시키는 등 내정간섭을 일삼았고, 왕의 묘호에 그때까지 써온 '종(宗)'이나 '조(祖)' 대신 '왕(王)'자를 붙이도록 강요했어요. 또 왕의 시호 앞에 원에 충성하라는 뜻의 '충(忠)'자를 붙이도록 했어요. 신하들이 왕을 부를 때는 폐하가 아니라 전하라고 부르게 했고, 태자는 세자로 낮추었으며, 왕이 스스로를 부를 때 쓰는 짐을 '고(孤)'라는 단어로 쓰게 했어요.

이처럼 당시 고려는 완전히 황제국인 원나라의 일개 속국이 되어버렸던 것이지요. 또 원 세조의 딸 제국대장공주가 고려에 들어온 후 궁궐 내에서는 몽고어를 쓰고 몽고 풍속을 따르는 바람에 고려의 고유한 문화가 사라질 위기에 놓였어요.

"위대한 삼한의 역사가 모조리 사라지게 되었구나."

이런 암울한 시기에 승려 일연은 1285년에 《삼국유사》를 완성시켜 우리 민족의 역사적 전통을 일깨우고 자주성 회복을 외치고 나섰어요. 또 대학자 안향은 주자학을 도입하여 무사안일에 빠져 있던 고려 유학에 새로운 바람을 몰고 왔어요.

그러나 충렬왕은 이런 상황에는 아랑곳하지 않고 사냥에만 몰두했어요. 이런 충렬왕의 행동에는 왕비인 제국대장공주의 영향이 컸어요. 그녀는 원나라 공주라는 막강한 신분을 무기로 국왕보다 더 강력한 힘을 발휘했어요. 또 질투가 만만치 않아 충렬왕이 원부인인 정화공주를 만나지 못하도록 가두는 횡포를 부렸습니다. 또한 원종의 셋째 아들인 순안공 왕종을 역모죄로 몰아 유배형에 처하고 재산을 빼앗기까지 했어요.

'이 나라에서 내가 할 수 있는 일은 아무 것도 없구나.'

이런 제국대장공주의 행각으로 인해 충렬왕은 정사를 게을리하게 되었고, 매일 사냥과 여색에 빠져버렸어요. 특히 충렬왕은 궁인 무비를 사랑하여 언제나 함께 어울려 다녔어요. 무비는 이런 왕의 총애를 이용하여 많은 측근세력을 모았어요. 이에 제국대장공주와 세자 원이 경고했지만 충렬왕은 들은 체도 하지 않았어요.

"무비가 다른 생각을 품고 있으니 멀리 하십시오."

"쓸데없는 소리, 지금 내 마음을 알아주는 사람은 무비 뿐이다."

이런 가운데 1296년에 세자 원은 원나라에 가서 진왕 감마라의 딸 계국대장공주와 결혼하여 역시 원의 부마가 되었어요. 이듬해 제국대장공주가 세상을 떠나자 세자는 서둘러 귀국한 다음 무비와 환관 도성기, 최세연, 전숙 등을 죽이거나 귀양 보낸 뒤 원으로 돌아갔어요. 어머니의 죽음이 무비 때문이라 생각하고 원나라의 힘을 빌어 충렬왕의 측근들을 모조리 제거했던 것이지요.

'이런 왕 노릇이라면 차라리 안 하는 것이 낫겠다.'

졸지에 애첩을 잃은 충렬왕은 몹시 분개했지만 원나라의 왕실이 세자 편을 들자 스스로 왕위에서 물러났어요. 그리하여 고려에 되돌아온 세자 원이 1298년 1월에 왕위에 올랐으니 그가 바로 충선왕이랍니다. 하지만 충선왕이 고려의 옛 제도를 복원하는 등 원나라에 적대적인 움직임을 보이자 사이가 나쁘던 왕비 계국대장공주가 원나라에 거짓말을 했어요.

"새 왕이 다른 마음을 품고 있습니다."

그러자 원나라에서는 즉위 7개월 만에 충선왕은 연경으로 압송하고 충렬왕을 다시 왕위에 오르게 했어요. 그 동안 충렬왕은 아들 충선왕을 제거하기 위해 왕위를 십촌종제인 서흥후 전에게 전해 주고 계국대장공주를 그에게 개가시키려는 음모를 꾸몄어요.

충렬왕은 또한 그 일을 성사시키기 위해 1305년에 직접 원나라에 가서 2년간 머물기도 했어요. 하지만 1307년 정월에 원나라의 성종이 죽고 그 뒤를 이은 무종의 옹립에 충선왕이 큰 공을 세웠으므로 그의 음모는 수포로 돌아가고 말았습니다.

원나라의 새 황제 무종의 신임을 얻은 충선왕은 즉시 고려로 돌아와 실권을 장악했어요. 또한 자신과 충렬왕 사이를 이간질하던 왕유소, 송방영, 송린, 한신 등을 제거한 뒤 모든 정사를 도맡았어요. 한편 아들을 없애기 위해 원나라까지 원정을 떠났던 충렬왕은 부끄러운 모습으로 돌아온 뒤, 1308년 7월에 73세로 세상을 떠났습니다.

알면 재미있는 이야기

일연의 《삼국유사》

일연은 1206년 지금의 경북 경산에서 태어났어요. 14세에 설악산 진전사에서 머리를 깎아 승려가 되었고, 22세인 1227년에 승과에 급제한 뒤 비슬산 무주암과 묘문암에서 수도했습니다.

1236년, 고려와 몽고 사이에서 전쟁이 한창일 때 조정으로부터 삼중대사라는 칭호를 받았고, 1249년에는 남해의 정림사로 옮겨 대장경 판각 작업에 참여했어요. 1264년에는 영일의 오어사에 머물다 가까운 인흥사로 옮겨 제자들을 가르쳤습니다.

충렬왕 대에 국존에 추대되었고 청도 운문사에 머무르며 《삼국유사》를 집필하기 시작했다고 해요. 일연은 청년 시절부터 모아온 자료를 바탕으로 노년기에 이 책을 썼는데, 1289년에 열반한 뒤 제자 무극에 의해 1210년, 처음 목판본으로 간행되었어요.

《삼국유사》는 신라와 고구려, 백제에서 전해진 수많은 이야기들을 바탕으로 지은 역사책이에요. 김부식이 지은 《삼국사기》와 함께 매우 귀중한 우리나라의 역사책으로 평가받고 있답니다. 두 책을 비교하면 《삼국사기》는 정통 역사책인데 비해, 《삼국유사》는 야사의 성격을 띠고 있지요. 하지만 정사에서 볼 수 없는 수많은 고대의 이야기들을 담고 있어 매우 소중한 가치를 지니

일연선사 영정

고 있습니다. 또 우리 민족의 민속과 옛말, 성씨, 지명의 기원과 사상, 신앙 및 일화를 중심으로 고대 정치, 사회, 문화에 대한 생활상을 그려 놓았지요.

그 가운데 특히 고조선에 대한 이야기는 우리나라의 역사를 반만년으로 자리매김할 수 있는 귀중한 기록이에요. 또 수많은 전설과 설화, 향찰로 표기된 신라 향가 역시 어떤 자료와 비교할 수 없는 문화유산으로 평가받고 있답니다.

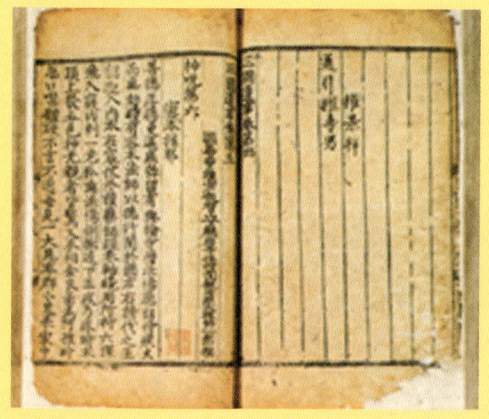

일연의 삼국유사

인각사
일연 스님이 말년에 머물렀다는 경북 군위군에 있는 인각사 전경

일연스님 추모다례
경북 군위군에 있는 인각사에서 해마다 열리는 일연삼국유사 문화제에서 일연 스님에 대한 추모다례를 하고 있다.

원나라에 살면서 고려를 다스린 충선왕

(재위 : 1298~1308년)

1298년 정월 24세의 젊은 나이로 왕위에 올랐던 충선왕은 왕비인 계국대장공주와의 불화로 그 해 8월 왕위에서 쫓겨났다가 1308년 7월, 34세에 다시 왕위에 복귀했어요. 충선왕은 어려서부터 매우 총명했는데 9세 때 아버지 충렬왕이 사냥을 떠나는 것을 보고 울먹이면서 이렇게 말했다고 해요.

"백성들이 굶주림에 허덕이고 있는데 어찌하여 아바마마께서는 사냥을 하러 떠나실까?"

충선왕은 즉위하자마자 고려 사회와 정치 전반에 걸쳐 대대적인 개혁정책을 펼쳐 나갔어요. 우선 합단의 침입 때 공을 세운 사람들에게는 상을 주고 개국 이래 공신의 자손들에게 공신전을 줌으로써 나라의 자존심을 세웠어요. 또 하위 관리들이 승진할 수 있는 길을 열어 주었고 승려의 계급을 새로 만들었어요. 또 지방에 있는 인재들을 등용하여 문신들의 힘을 키워 주었습니다. 그리고 원나라의 강요로 사라졌던 고려의 관청을 부활시켰어요. 이런 충선왕의 개혁 정책은 다분히 원나라에 저항하는 성격을 띠고 있었어요.

그런 가운데 조인규의 딸 조비와 충선왕의 사이를 시기한 계국대장공주는 조비무고사건을 일으켰어요. 충선왕이 조비를 몹시 총애하자 이를 질투한 계국대장공주가 원나라의 태후에게 비밀리에 편지를 보내 남편이 자신을 홀대하고 반원정책을 행하고 있다는 것을 알렸어요. 며칠 뒤에는 조인규의 처가 굿을 해서 왕이 자신의 딸만 총애하도록 빌었다는 투서가 계국대장공주에게 전달되었어요.

'이것들이 나를 업신여기기가 끝이 없구나.'

분개한 계국대장공주는 조인규와 그의 처, 친척들을 감옥에 가둔 뒤 이 일을 원나라에 알렸어요. 그러자 원나라의 태후는 공주의 수하인 활활불화에게 자초지종을 심문하도록 명했습니다. 그 결과 조비를 비롯해 최충소, 유온이 하옥되고 조인규 부부가 원나라로 압송되었어요.

이윽고 원나라에서 심한 고문을 받은 조인규가 거짓 자백을 하는 바람에 조비와 내관 이온까지 원나라에 끌려갔어요. 그런 뒤 태후는 승려 5명과 도사 2명을 보내 공주에 대한 저주를 풀어주고, 홍군상을 파견하여 부부간의 애정을 돋우게 하는 음식을 충선왕 부부가 함께 먹도록 했어요. 하지만 이 사건으로 충선왕은 즉위 7개월 만에 왕위에서 끌어내려져 원나라로 불려가고 충렬왕이 다시 왕위에 복귀했어요.

그 후 충렬왕은 충선왕이 설치했던 관청과 관직을 모두 무효화한 다음, 조정에서 충선왕을 지지하는 세력들을 몰아냈어요. 그리곤 평소 총애하던 서흥후 왕전에게 왕위를 넘기려고 계획했어요. 충렬왕은 원나라로 돌아간 계국대장공주를 왕전과 결혼시키려는 생각으로 충선왕의 귀국을 저지했어요. 하지만 일이 여의치 않자 1305년에 직접 원나라에 가서 작전을 진행하기까지 했어요.

이때 원나라에서는 성종의 건강이 나빠지자 후계자 싸움이 한창이었어요. 한편, 충선왕이 회녕왕을 지지하면서 활발한 활동을 벌이고 있었기 때문에 충렬왕의 계획

은 물거품이 되고 말았어요. 1307년에 성종이 사망하자 회녕왕이 무종으로 등극하면서 고려의 정권은 그를 지지했던 충선왕에게 넘어왔습니다.

10년 만에 왕위를 되찾은 충선왕은 다시 한번 예전에 의도했던 개혁 작업을 실행에 옮겼어요. 조정의 기강을 확립하는 한편 조세를 공평히 하고 인재를 등용했으며, 공신들의 자제들을 중용했어요. 또 농업을 장려하고 동성의 결혼을 금지하는 등 활발한 정책을 시행했습니다.

하지만 충선왕은 오랫동안 원나라 생활에 익숙해졌으므로 고려의 궁궐 생활에 제대로 적응하지 못했어요. 그래서 즉위한 지 두 달 만에 숙부인 제안공 왕숙에게 정사를 맡기고 원나라로 건너갔어요. 그래서 충선왕이 벌여놓은 개혁정책은 모조리 허사가 되고 말았지요.

이 때부터 고려 조정은 연경에 있는 충선왕의 교지에 의해 나라를 다스리는 기이한 상황을 맞았어요. 그 결과 정사가 불안정해지자 전승 최유엄은 간곡히 귀국할 것을 청했어요. 하지만 충선왕은 무종의 신임을 받아 심양왕으로 봉해진 상태였기 때문에 좀처럼 고려로 돌아올 생각을 하지 않았습니다.

"왕이 없는 나라가 어찌 나라라고 할 수 있겠는가."

실망한 고려 중신들은 세자 감을 왕으로 세우려 했어요. 그러자 화가 난 충선왕은 1310년 5월에 세자 감과 측근이었던 김의중을 죽여 버렸습니다. 이렇듯 극단적인 조치를 취하면서까지 충선왕은 원나라에 머물러 있었어요.

"나는 지금의 생활에 만족한다. 제발 나를 괴롭히지 말라."

그럼에도 불구하고 신하들은 끈질기게 귀국하라고 요청했어요. 그러자 충선왕은 1313년 3월, 둘째 아들인 왕도에게 왕위를 물려주면서까지 귀국을 피했어요. 또한 동시에 충선왕은 총애하던 이복형 강양공 왕자의 둘째 아들 왕고를 세자로 세우는 바람에 훗날 충숙왕과 왕고 사이에 벌어진 왕위 다툼의 빌미를 만들었습니다.

'휴, 이제야 내 뜻대로 살 수 있게 되었구나.'

어쨌든 충숙왕에게 왕위를 넘김으로써 마음이 홀가분해진 충선왕은 연경의 저택에 만권당을 세워 요수, 염복, 조맹부, 원명선 등 당대의 유학자들과 학문을 나누었고, 고려에서 대학자 이제현을 불러와 그들과 사귀게 했어요. 또 불교에도 깊은 관심을 기울여, 1316년에는 조카 왕고에게 심양왕의 자리를 물려주고 티베트 승려의 가르침을 받았어요.

이처럼 원나라에 머물며 왕실의 후한 대접 속에 호사를 누리던 충선왕은 1320년, 원나라의 인종이 죽고 영종이 즉위하면서 힘을 잃게 되었어요. 그리하여 원나라 황실로부터 고려로 돌아가라는 종용을 받던 도중 참소를 받아 토번에 유배되기까지 했습니다.

1323년 원나라 태정제가 즉위한 뒤 겨우 유배에서 풀려난 충선왕은 연경으로 돌아와 1325년 5월, 51세를 일기로 세상을 떠났어요. 살아생전 고려의 왕이었지만 몸은 원나라 사람이나 다름이 없었어요. 그러니 지도자가 없는 고려 백성들의 삶은 어땠을지 상상이 가겠지요?

알면 재미있는 이야기

불교미술의 정수 '수월관음도'

'수월관음도'란 14세기 고려 시대에 유행한 불화입니다. 어두운 천에 밝은 물감을 이용해 관음보살의 아름다운 모습을 그려낸 것이지요. 수월관음도는 공통적으로 반가부좌의 관음보살상에 달과 물을 배경으로 하고 있으며, 버드나무와 정병이 등장합니다. 신라 시대의 의상대사가 낙산에서 관음보살을 친견했다는 《삼국유사》의 기록에 따라 그려지게 되었다고 해요. 고려 시대의 수월관음도는 전 세계에 38점 정도밖에 남아있지 않은 귀중한 고려의 문화유산입니다.

이 그림은 보물 제1286호로 지정된 수월관음도로써 관음보살이 오른발을 왼쪽무릎에 올린 반가부좌 자세로 바위 위에 걸터앉아 선재동자를 굽어보고 있는 모습으로, 《화엄경》의 내용 중 한 장면을 그린 것입니다. 역시 관음보살의 등 뒤에는 한 쌍의 대나무가 표현되어 있고, 앞쪽으로는 버들가지가 꽂힌 꽃병이 있으며 주위는 금가루로 원형을 그려 놓았어요.

이 수월관음도는 보관 상태가 그리 좋지 않았지만 1994년부터 2년간 보수작업을 통해 원래의 모습을 거의 되찾았어요. 전체적으로 안정되었고 고려 불화의 양식을 충실히 따르고 있어 수월관음도의 시대적 흐름을 파악할 수 있으며, 섬세하고 절제된 아름다움을 느낄 수 있는 작품이랍니다.

수월관음도

심양왕 왕고와 왕위를 다퉜던 충숙왕

(재위 : 1313~1339년)

고려 제27대 충숙왕은 충선왕의 둘째 아들로 몽고여인 의비에게서 태어났어요. 충숙왕의 나이 20세인 1313년 3월, 원나라의 심양왕 직에 애착을 보인 충선왕이 왕위를 물려주어 고려의 국왕이 되었어요.

'왕이 되어 할 수 있는 일이 대체 뭐지?'

어린 시절을 줄곧 원나라에서 보냈던 충숙왕은 고려 땅이 낯설기만 했어요. 또 심양왕으로 원나라에 머물고 있는 충선왕이 실권을 쥐고 정사를 좌지우지했으며, 총애하는 왕고를 고려의 세자로 임명했으므로 자신이 정말 왕인지도 헷갈릴 지경이었습니다.

충숙왕 즉위 초기에 충선왕은 개경으로 와서 정사를 직접 돌보았어요. 그러니 충숙왕은 허울만 왕이었던 것이지요. 독실한 불교신자였던 충선왕은 옛날에 이렇게 공언한 적이 있었어요.

"내가 언젠가는 108만 명 승려에게 음식을 먹이고 108만 개의 연등에 불을 켜 부처님의 공덕을 기리겠노라."

충선왕은 그 약속을 지키기 위해 만승회라는 행사를 치르며 고려의 국고를 바닥나게 하기도 했어요. 또 신하들에게 자신의 덕을 찬양하는 글을 바쳐 원나라에 보내게 했는데, 이 모두는 자신이 원나라 왕실로부터 인정받기 위한 노력이었지요. 그렇듯 자신의 목적을 위해 고려를 철저히 이용한 충선왕은 더 이상 이용가치가 없어지자 원나라로 돌아갔어요. 충숙왕은 그때부터 겨우 왕권을 행사할 수 있었지만 제대로 할 수 있는 일이 별로 없었어요.

1216년 충선왕은 왕고에게 심양왕의 자리를 넘겨주었고, 이로 인해 충숙왕의 입지는 더욱 좁아졌습니다. 그 해 7월, 충숙왕은 전례에 따라 원나라 영왕의 딸 복국장공주와 결혼하여 원나라의 부마가 되었어요. 당시 충숙왕에게는 덕비 홍씨가 있었지만 이 결혼으로 대궐에서 쫓겨나 종실인 정안공의 집에서 살게 되었어요.

"우리가 어쩔 수 없이 헤어졌지만 내 마음은 변함이 없소."

덕비 홍씨는 부원군 홍규의 둘째 딸로, 1315년 아들 정을 낳은 충숙왕의 정비였어요. 충숙왕은 그녀를 몹시 사랑하여 복국장공주와 결혼한 뒤에도 정안공의 집을 자주 찾았습니다. 이 사실을 알게 된 복국장공주는 홍씨를 매우 미워했어요. 그렇게 3년이 지난 뒤 복국장공주가 의문의 죽음을 당해서 원나라는 선사 이상지를 보내 공주의 사인을 수사하도록 했어요.

이때 궁궐의 요리사 한만복이 왕과 덕비 홍씨의 금슬이 좋았던 것과 이를 질투한 복국장공주가 왕에게 얻어맞아 코피를 흘렸다는 내용을 자백했어요. 그러자 이상지는 한만복을 원나라로 압송했고, 이에 충숙왕은 한만복이 거짓진술을 했다고 변명하다가 원나라 왕실의 의심을 받게 되었어요. 그와 함께 고려의 왕위를 노리던 왕고는 원나라의 새 황제 영종의 신임을 받아 충숙왕을 압박해 왔습니다.

"아아, 사방에 나를 노리는 자들 뿐이니 어쩌란 말이냐."

절망에 빠진 충숙왕은 밤마다 연회를 즐기면서 술에 취했고 기생들에게 돈을 물 쓰듯 했어요. 또 직언하는 신하들을 마구 때려 조정은 매우 어지러웠어요. 왕고는 이와 같은 충숙왕의 행동을 낱낱이 원나라에 일러바쳤어요. 그러자 원나라에서는 충숙왕을 심양으로 불러들인 뒤 3년 동안 붙잡아 두었어요.

"이제 고려는 내 손에 들어온 것이나 다름없다."

충숙왕이 폐위와 마찬가지 상태에 놓이자 왕고는 고려국왕이 되기 위해 동분서주했어요. 그러자 1322년 8월, 전찬성사 권한공은 왕고를 고려국왕으로 세우기 위해 자운사에서 백관들을 모아놓고 서명을 요구했어요.

"마땅히 심양왕 왕고 전하를 고려국왕으로 세워야 할 것이오. 우리 다 함께 원나라 조정에 이를 상주합시다."

그러자 윤선좌 등 고려의 중신들이 거세게 반대했어요.

"아무리 전하가 원나라에 억류되어 있다 해도 일국의 국왕을 마음대로 바꿀 수는 없는 일이오. 이는 반역 행위와 마찬가지입니다."

이에 왕고를 지지하던 유청신, 오잠 등의 대신들은 차라리 고려의 국호를 폐하고 원나라의 한 성으로 편입시켜달라는 요청을 하기에 이릅니다. 참으로 매국적인 행동이 아닐 수 없지요? 이런 매국노들을 역사의 이름으로 심판하지 않는 나라는 반드시 큰 상처를 입게 된답니다.

"그런 엉뚱한 제안은 받아들일 수 없다."

원나라에서는 그들의 터무니없는 요청을 들어주지 않았어요. 일찍이 거센 고려 백성들의 저항을 겪어본 원나라로서는 억지로 분란의 씨앗을 만들고 싶지 않았던 것이지요. 그래서 왕고를 고려국왕으로 세우려던 시도는 수포로 돌아가고 말았습니다.

　이렇듯 고려의 신하들이 주체성을 잃고 방황하는 사이 전라도 일대에서는 왜구가 출몰하여 노략질을 일삼았어요. 또 제주도에서는 제주만호 임숙의 학정으로 백성 1천 명이 그를 벌해 달라고 상소하기도 했습니다. 이처럼 한 나라의 정치가 혼란에 빠지면 백성들만 고통을 받게 되는 법이랍니다.

　얼마 후 원나라의 황제 영종이 죽고 태정제가 즉위하자 고려의 상황도 바뀌었어요. 1324년 2월, 태정제는 충숙왕을 고려로 돌려보냈어요. 하지만 왕고의 야욕이 수그러들지 않자 충숙왕은 원나라 위왕의 딸 조국장공주와 결혼하여 보위를 튼튼히 하려 했습니다. 그런데 이듬해 10월, 조국장공주가 아들을 낳고 18세의 어린 나이로 세상을 떠나버렸기 때문에 충숙왕의 의도는 빗나가고 말았어요.

　"역시 내겐 당신뿐이오."

　이때부터 충숙왕은 더욱 덕비 홍씨를 사랑하여 훗날 1330년에 공민왕이 된 둘째 왕자 기를 낳았어요. 하지만 조국장공주의 죽음으로 인해 충숙왕은 왕고와의 경쟁에서 밀리게 되었지요.

　이윽고 갖은 노력으로 태정제의 신임을 얻은 왕고는 평장정사 매려와 사인 역특미실불화를 고려에 보내 충숙왕을 더욱 압박했어요. 그와 함께 유청신과 오잠을 시켜 원나라의 중서성에 가서 어처구니없는 내용의 중상모략을 하도록 했어요.

　"현재 고려국왕은 눈이 멀고 귀 먹은 벙어리라 정사를 돌볼 수 없으니 심양왕 왕고를 고려국왕으로 삼아야 합니다."

이에 태정제는 매려에게 그들의 상소에 대한 진실 여부를 알아오라고 명했어요. 이때 충숙왕은 원나라 관리들을 귀찮게 여기고 그들을 만나주지 않자 매려는 그가 정말 소경에다 귀머거리인 줄 알았어요. 그러던 어느 날 충숙왕은 그들 앞에 나타나 유창한 언변으로 고려의 정세와 왕고의 음모를 알렸어요.

　"내가 그대들을 만나지 않은 것은 심양왕의 음모에 가담한 것이 아닌가 걱정해서이다. 보다시피 나는 멀쩡하고 고려를 잘 다스릴 능력이 충분하다."

　그제서야 매려는 왕고를 따르는 유청신과 오잠 등이 죄가 없다는 것을 알았어요. 그의 보고를 들은 태정제는 더 이상 충숙왕을 의심하지 않았습니다. 이에 기세가 오른 충숙왕은 왕고의 측근인 조식, 김온, 권하, 전굉 등을 잡아 가두는 등 왕권강화에 박차를 가했어요. 이로써 왕고는 더 이상 충숙왕을 몰아낼 엄두를 내지 못하게 되었습니다. 하지만 왕고는 욕심을 버리지 못하고 충숙왕 사후 충혜왕으로부터 왕위를 빼앗으려다 실패한 뒤 1345년에 죽고 말았습니다.

　한편 충숙왕은 1330년 몸이 쇠약해지자 세자에게 왕위를 넘겨주고 상왕이 되어 원나라에 가서 머물렀어요. 하지만 충혜왕이 주색에 빠져 음탕한 짓을 일삼다가 원나라에 의해 폐위되자 1332년 2월, 다시 왕이 되었습니다. 이후 8년 동안 고려를 다스리던 충숙왕은 1339년 3월, 46세의 나이로 다사다난했던 세상을 등지고 말았습니다.

희대의 패륜아 충혜왕

(재위 : 1330~1344년)

1330년 충숙왕으로부터 왕위를 물려받은 충혜왕은 16세의 어린 나이임에도 성격이 포악하고 방탕하여 고려 왕실을 폭음과 향락의 도가니로 만들었어요. 그는 즉위하자마자 측근인 배전과 주주에게 정사를 맡긴 채 매일 시종들과 사냥과 놀이로 시간을 보냈어요. 그러므로 자연히 고려의 정사는 엉망진창이 되었지요.

이런 충혜왕의 행각을 알게 된 원나라에서는 2년 뒤에 그를 폐하여 연경으로 송환한 다음 충숙왕을 다시 왕위에 오르도록 했어요. 하지만 1339년 충숙왕이 세상을 떠나자 다시 왕위에 복귀한 충혜왕은 예전보다 더욱 방탕한 모습을 보였어요. 그 해 5월, 충혜왕은 부왕의 후비인 수비 권씨를 비롯하여 숙공휘령공주를 강제로 겁탈하는 패륜을 서슴지 않고 행했어요.

"어머니를 욕보이다니 저 자는 도저히 사람이 아니다."

이로 인해 수치심을 이기지 못한 수비 권씨는 자살했고, 분개한 숙공휘령공주는 원나라에 가서 충혜왕을 고발하려 했어요. 그러자 충혜왕은 그녀가 말을 구할 수 없게 하기 위해 개경의 말 시장을 금지하는 잔꾀를 썼어요. 그 후에도 충혜왕은 전혀 반성하는 기색 없이 내시 유성의 처 인씨, 장인 홍탁의 후처인 황씨 등 신분을 가리지 않고 닥치는 대로 부녀자들을 겁탈했어요.

"왕이 거리에서 여자들을 납치해 성폭행을 일삼는다."

얼마 지나지 않아 이런 소문이 삽시간에 나라 안에 퍼졌어요. 그러자 백성들 가운데는 봉변을 피하기 위해 짐을 꾸려 압록강을 건너가는 일까지 벌어졌어요.

한편 이런 사실을 알 리 없는 원나라 조정은 중서성 단사관 두린과 직성사인 구통을 개경에 보내 충혜왕에게 국새를 내렸어요. 그를 정식 고려국왕으로 인정하는 조치였지요. 그때 두린이 숙공휘령공주에게 인사를 왔어요. 그러자 공주는 두린에게 충혜왕의 패악을 낱낱이 고해 바쳤습니다.

"아니, 어떻게 그럴 수가……. 그러고도 일국의 왕이라고 할 수 있겠습니까?"

당시 원나라 황제의 전권을 위임받고 고려에 왔던 두린은 공주의 말을 듣고 커다란 충격을 받았어요. 그리곤 즉시 충혜왕과 측근들을 모조리 묶어 원나라로 압송했어요. 그렇지만 1340년 3월, 원나라에 끌려가 형부에 갇혔던 충혜왕은 고관인 탈탈대부의 도움으로 4월에 석방되어 개경으로 돌아왔습니다.

"차라리 들개를 개경 거리에 풀어주는 편이 낫겠다."

실망한 고려의 백성들은 이렇게 한탄했어요. 과연 충혜왕은 예전의 버릇을 버리지 못한 채 밤마다 궁궐을 나와 수많은 부녀자들을 범했어요. 그러자 개경의 몇몇 불량배들은 자신이 미행을 나온 왕이라고 떠벌이면서 여자들을 범하기도 했어요. 그렇게 억울하게 당한 여인들은 집안이 잘못될까 두려워 입을 다물 수밖에 없었지요.

충혜왕은 또 매일 연회를 열어 국고를 탕진했고, 사냥과 수박희로 하루해가 짧을 지경이었어요. 그러는 과정에서 민가의 재물을 약탈하는 일도 서슴지 않았습니다. 언젠가는 민천사의 누각에 올라가 비둘기를 잡으려다 횃불의 불이 옮겨 붙어 누각

을 몽땅 태우기도 했고, 사냥하는 도중에 연회장을 만들기 위해 민가 백여 채를 부수기도 했어요. 그러고도 부족했던지 신하들을 독촉해 새로운 궁궐을 짓도록 했어요.

"고려의 궁궐은 원나라에 비해 너무 보잘것없어 내가 편히 쉴 수가 없단 말이야."

"하지만 지금 국고가 비어 새 궁궐을 지을 만한 돈이 없습니다."

"그럼 세금을 더 많이 걷으면 될 것 아닌가."

재정을 맡은 신하가 걱정하자 충혜왕은 이렇게 독촉했습니다. 그는 자신의 향락을 위해서는 백성들을 전혀 생각지 않았던 것이지요. 이에 현호도란 신하가 그를 독살하려다 실패하고 죽고 말았지요.

이처럼 폭군의 면모를 유감없이 발휘하던 충혜왕은 단양대군 왕유의 종이었던 은천옹주 임씨를 몹시 총애했어요. 그녀는 개경에서 오지그릇을 팔고 있었는데, 어느 날 충혜왕의 눈에 들어 궁에 들어왔습니다. 은천옹주는 충혜왕과 걸맞게 몹시 음탕하고 사치와 향락을 좋아했어요. 그래서 두 사람은 새로 지은 궁궐에서 희희낙락하면서 석기란 아이까지 낳았답니다.

충혜왕의 포학한 정치가 끝도 없이 계속되자 세도가였던 원나라 기황후의 오빠 기철도 참을 수 없었던지 순제에게 충혜왕의 악행을 낱낱이 고했어요. 그제야 사태의 심각성을 알게 된 순제는 대경 타적을 고려에 파견했습니다.

타적은 고려 땅에 들어오자마자 충혜왕이 도망칠 것을 염려하여 하늘에 제사하고 대사령을 반포하라는 원나라 순제의 조서를 가져왔다고 거짓 편지를 보냈어요. 이에 충혜왕은 아무 의심 없이 그들을 환영하려 정동행성으로 갔어요.

"이 사람 같지도 않은 놈을 당장 묶어라."

충혜왕이 눈앞에 나타나자 타적은 이렇게 소리치며 다짜고짜 그를 발로 걷어차 쓰러뜨렸어요. 그리곤 충혜왕을 호위하고 있던 무사들을 모조리 칼로 베어 죽였어요. 그렇게 해서 충혜왕이 원나라로 압송되자 정사를 맡게 된 기철, 홍빈, 채하중 등은 은천옹주를 비롯하여 충혜왕의 애첩과 궁인 126명을 궁궐에서 내쫓아버렸습니다. 원나라의 순제는 충혜왕을 잡아들인 뒤 다음과 같은 조서를 내려 그를 꾸짖었어요.

"너는 일국의 왕으로서 백성들을 편안케 하기는커녕 풍속을 더럽히고 약탈을 일삼았으니 하늘이 노하지 않겠는가. 그대의 피를 모두 뽑아 천하의 개에게 먹인다 해도 그 패악을 씻을 길 없으리라. 하지만 내가 살생을 즐겨하지 않으므로 게양 땅으로 귀양을 보내니 원망하지 말라."

이렇게 해서 희대의 패륜아였던 충혜왕은 심양에서 2만 리 밖에 있는 게양 땅으로 유배를 떠났습니다. 하지만 압송 도중인 1344년 정월에 그는 30세의 나이로 목숨을 잃었어요. 충혜왕의 죽음이 알려지자 고려 백성들은 거리로 뛰쳐나와 춤을 추며 새 세상이 왔다고 기뻐했습니다.

충혜왕이 죽자 원나라에서는 그의 맏아들인 여덟 살짜리 흔을 고려국왕으로 책봉했어요. 하지만 왕이 너무 어린 까닭에 어머니 덕령공주가 섭정을 했습니다. 덕령공주는 충혜왕의 포학했던 정치를 바로잡기 위해 간신들을 조정에서 쫓아내고 기강을 바로잡았어요.

또한 충혜왕 때 지은 궁궐을 헐어버리고 그 자리에 학문을 가르치는 숭

문관을 열었습니다. 그와 함께 충선왕 때 만들어진 민지의 《편년강목》을 보충하게 하였고, 학자인 이제현, 안축, 이곡 등으로 하여금 충렬왕, 충선왕, 충숙왕 대의 실록을 편찬하게 했어요.

이렇듯 덕령공주가 힘써 고려를 재건하는 사이 어린 충목왕이 깊은 병에 걸렸어요. 그러자 공주는 전국 각처에 기도처를 마련하고 극진히 간호했지만 충목왕은 12세의 어린 나이로 세상을 뜨고 말았습니다.

1348년, 원나라에서는 충목왕의 후임으로 충혜왕의 둘째 아들인 왕저를 고려 제30대 왕으로 삼았어요. 하지만 새로 왕위에 오른 충정왕 역시 나이가 12세에 불과했으므로 덕령공주와 충정왕의 어머니인 희비 윤씨 사이에 치열한 권력 다툼이 벌어졌어요. 이때 덕령공주는 원나라의 지원을 배경으로 세력을 확장했고, 희비 윤씨는 왕과 측근들을 중심으로 대항함으로써 정국이 어수선해졌어요.

이런 상황에서 고려의 남쪽 바다에는 왜구들이 출몰하여 약탈을 일삼았고, 백성들을 잡아가는 등 혼란이 극심했어요. 하지만 지방의 관리들은 왜구가 나타나면 두려움에 떨며 도망치기에 바빴습니다. 덕분에 백성들은 모진 고통을 받았어요. 하지만 흐트러진 고려 조정은 이런 사태를 해결할 능력이 없었습니다.

"고려가 불안하면 그 여파가 우리 원나라에까지 미치게 된다."

원나라 순제는 이런 판단 아래 충정왕을 폐위시키고 지혜롭기로 소문난 강릉대군 왕기를 고려국왕으로 삼았어요. 하지만 순제의 판단은 잘못된 것이었습니다. 공민왕은 원나라에 협조하기는커녕 반원정책의 기치를 높이 들고 고려의 자주권을 돌려받기 위해 격렬히 투쟁했으니까요.

알면 재미있는 이야기

민족과 함께 수난을 겪은 경천사 10층 석탑

경천사 10층석탑은 고려 충목왕 때인 1348년, 경기도 풍덕군 광덕면 부소산 경천사에 세워졌어요. 우리나라에서는 드문 대리석 석탑으로 1~3층은 사방으로 돌출된 아(亞)자형, 4~10층은 직사각형으로 지붕돌은 기와지붕 모양입니다. 탑신 등에는 부처와 보살, 꽃 등이 화려하고도 섬세하게 조각돼 있어요. 현재 탑골공원에 있는 원각사지 10층석탑은 원나라의 영향을 받은 이 탑을 본뜬 것이라고 해요. 하지만 아름다운 자태를 자랑하는 이 탑은 오랜 세월 동안 모진 수난을 겪어야 했어요.

일제 때 일본의 궁내대신인 다나카 미스야키가 불법으로 해체, 일본으로 밀반출되면서 탑 전체가 상당히 훼손되었고, 한동안 일본에서 버려진 채 아무도 돌보지 않았습니다. 그러다 10여년 만인 1918년에 겨우 우리나라로 되돌아왔지만 또 다시 경복궁 근정전 회랑에 해체된 채로 방치되었지요. 그 후 50년이 지난 1960년에 들어서야 시멘트로 일부 보수한 뒤 경복궁 뜰에 세워졌는데 환경오염으로 인해 계속 훼손되었습니다. 다행히도 경천사 10층석탑은 1995년 문화재연구소에서 해체, 보존, 복원 작업에 들어가 2005년 완전한 제 모습을 찾게 되었어요.

경천사 10층석탑

자주국가의 기치를 높이 든 공민왕

(재위 : 1351~1374년)

14세기 중엽 국제정세는 매우 큰 변화를 보이고 있었어요. 아시아 전체를 주름잡던 원나라는 홍건적의 난으로 점차 국력이 쇠약해지기 시작했어요. 이때 충숙왕의 둘째 아들로 12세부터 연경에서 살고 있다가 고려국왕이 된 공민왕은 고려가 원나라의 그늘에서 벗어날 수 있는 절호의 기회라 생각하고 개혁정책과 반원정책을 펼쳤어요.

본래 1348년, 충목왕이 사망한 뒤 고려에서는 그를 왕으로 추대하려 했지만 원나라에서 충정왕을 고집하는 바람에 뒤늦게 왕위에 오른 것이지요. 공민왕은 고려의 민족적 긍지를 드높이기 위해 우선 널리 퍼져 있는 몽고풍습을 없애고 조정에서 활개를 치고 있던 친원파 세력들을 몰아냈어요. 당시 그들은 원나라의 눈치만 살피며 백성들의 생활은 아랑곳하지 않았기 때문이지요.

'신하들이 잘 이끌려면 우선 왕인 내가 모범을 보여야 해.'

이렇게 생각한 공민왕은 5일에 한번씩 신하들이 맡은 일에 대해 직접 보고하게 했어요. 그리하여 나랏일을 제대로 하고 있는지 세심하게 살펴보았습니다. 또 임금과 신하들이 한 자리에 모여 정치에 대해 토론하는 자리를 다시 열었어요.

그 자리에서 공민왕은 나라 안에 유교를 진흥시키고 백성들의 원성을 사고 있는 토지문제와 노비, 억울한 죄수 등의 문제를 빨리 해결하라고 신하들을 독촉했어요. 그와 함께 부정부패한 관리들을 잡아가둠으로써 나라의 분위기를 바꾸어 나갔습니다. 그러자 이런 공민왕의 정책에 조일신이란 인물이 반기를 들고 나섰어요.

"흥, 왕이 제멋대로 정치를 하려고 하는군."

조일신은 자신의 뜻에 찬성하는 정천기, 최화상, 장승량 등의 신하들과 함께 정변을 일으켰어요. 그래서 많은 신하들을 죽인 다음 공민왕을 협박하여 우정승이 되었지요. 조일신은 본래 공민왕이 원나라에 있을 때 시종이었는데, 원나라의 신임을 얻어 고관이 된 뒤에 세도를 부리던 사람이었어요. 이 사건으로 공민왕의 개혁은 난관에 부딪히게 되었습니다. 하지만 공민왕은 만만하게 넘어갈 사람이 아니었어요.

'저런 자들을 제거하지 않으면 나라가 엉망이 되고 말 거야.'

이렇게 생각한 공민왕은 신하들과 은밀히 의논한 다음 측근인 김첨수를 시켜 조일신을 체포해 들였어요. 그리곤 조일신과 그를 따르던 신하 28명을 죽이거나 귀양 보냈어요.

이렇게 해서 위기를 넘긴 공민왕은 대학자인 이제현을 우정승, 조익청을 좌정승으로 임명하여 개혁에 박차를 가했습니다. 또 승려 보우를 왕사로 임명하여 불교의 중흥을 도모했는데, 이는 당시 급격히 성장하고 있는 유학자 세력을 견제하기 위해서였어요.

"우리 고려 땅에서 원나라의 자취를 완전히 없애버리고 말겠다."

공민왕은 1352년에 변발과 호복과 같은 몽고 풍속을 금지했고, 이듬해에는 원나라의 연호를 폐지하고 관제를 문종 대의 제도로 바꾸었어요. 또 내정간섭을 일삼던 몽고의 정동행성을 없애버리고, 당시 원나라 기황후의 오빠로 온갖 세도를 누리던 기철을 제거했어요.

　기철의 여동생은 원나라에 공녀로 가서 궁녀가 되었다가 황제인 순제의 눈에 들어 황후가 되었고, 얼마 후 태자를 낳았어요. 그로 인해 기철은 기황후의 뒷받침으로 고려의 높은 벼슬을 얻은 뒤 온갖 횡포를 부리고 있었어요. 그는 공민왕이 원나라를 배척하는 정책을 펼치자 쌍성총관부의 군사를 동원하여 왕을 죽이려 했습니다.

　공민왕은 그와 같은 기철의 움직임을 알아채고 당시 쌍성총관부에 있던 이성계의 아버지 이자춘에게 도움을 요청했어요. 그리하여 자신만만하게 거사를 벌이려던 기철 일파를 단숨에 제거해 버렸습니다. 기씨 일파가 사라지자 공민왕은 곧 쌍성총관부를 폐지하고 군사를 동원하여 원나라에 빼앗겼던 서북지방과 동북지방을 공격해 되찾았어요.

　"너희들이 계속 제멋대로 행동하면 80만 대군으로 짓밟아 버리겠다."

공민왕과 왕비 노국대장공주의 쌍릉

"흥, 해볼 테면 해 보거라. 우리도 가만히 있지 않겠다."

원나라가 이렇게 협박해 오자 공민왕은 국경의 수비를 강화한 다음 도성에 외성을 세워 철통같은 방위태세를 갖추었어요. 만일에 개경이 함락당할 경우를 대비해 한성으로 도읍을 옮길 계획까지 세우며 결사항전을 선언했지요. 그와 동시에 원나라에 역습을 가해 쌍성을 함락시키고 함주 이북의 땅을 수복하기까지 했어요. 이에 원나라는 화가 머리끝까지 치밀어 올랐지만 홍건적의 침입으로 고려를 정벌할 여유가 없었어요.

중국의 하북성 일대에서 일어난 홍건적은 1355년 국호를 송이라 하고 대륙에서 세력을 떨치며 원나라를 위협하더니, 이윽고 요동을 점령한 다음 고려까지 넘보게 되었어요. 이윽고 1359년 모거경이 이끄는 4만 명의 홍건적은 압록강을 건너 철주와 서경을 함락시키며 벌떼처럼 밀려들어 왔어요.

부석사 무량수전
공민왕이 현판을 썼으며, 경북 영주시에 있다.

이때 고려는 격렬하게 싸워 압록강 이북으로 홍건적을 몰아내는 데 성공했어요. 하지만 홍건적은 2년 뒤인 1361년에 또 다시 고려를 공격해 왔어요. 이로 인해 개경이 함락되고 공민왕이 안동까지 피신하는 사태가 벌어졌어요.

다행히도 이듬해 1월, 고려군은 적장 관선생과 사유 등을 죽이고 대승을 거둠으로써 홍건적을 몰아낼 수 있었어요. 그렇지만 이때의 싸움으로 인해 고려는 개경의 궁궐이 완전히 불타 없어지고 사찰이 약탈당하는 등 막대한 피해를 입었어요. 이에 국력이 약해진 고려는 원나라에 의지해 나라를 지켜야 했어요. 그리하여 고민 끝에 반원정책을 포기하고 정동행성도 다시 설치했고, 관제도 원나라의 것으로 되돌렸습니다.

이렇듯 고려가 홍건적에게 시달리고 있을 때 김용의 반란이 일어나 하마터면 공민왕이 목숨을 잃을 뻔 했어요. 1363년, 재상 김용이 부하들과 함께 복면을 쓰고 흥왕사에 머물고 있던 공민왕의 숙소를 공격했어요. 당시 공민왕은 궁궐이 불타서 개경에 돌아오지 못하고 있었어요.

"왕을 죽여라!"

잠결에 밖이 소란스러워지자 공민왕은 깜짝 놀라 어찌할 바를 몰랐어요. 이때 내시인 이강달이 그를 잡아끌었어요.

"전하, 빨리 태후의 방으로 가시지요. 그 곳에 밀실이 있습니다."

이에 공민왕은 안내를 받아 태후의 방에 있던 밀실에 숨어서 간신히 위기를 넘길 수 있었어요. 이때 김용의 무리는 시종들을 살해하고 공민왕을 찾아 흥왕사를 이 잡듯이 뒤졌지만 찾지 못했어요.

최영과 오인택은 왕이 위험하다는 급보를 듣고 수많은 군사들과 함께 흥왕사로 달려왔어요. 그러자 거사가 실패했다는 것을 깨달은 김용은 잔꾀를 써서 위기를 모면하려고 쓰고 있던 복면을 벗어던지며 최영과 오인택에게 달려가 소리쳤어요.

"전하를 죽이기 위해 자객이 숨어든 것 같소. 어서 그놈들을 잡아 죽이시오."

그리곤 자신도 칼을 뽑아들고 달려 나가 함께 거사를 도모했던 부하들을 모조리 죽여 버렸어요. 그 공으로 반란이 진압된 뒤 김용은 일등공신에 임명되었어요. 하지만 얼마 뒤 흥왕사에 침입한 잔당 90여 명이 체포되면서 그의 음모가 백일하에 드러났지요. 그리하여 간사한 반역자 김용은 형틀에서 사지가 찢기는 처참한 죽임을 당하고 말았습니다.

이 사건의 충격이 채 마무리되기도 전에 또 다른 반란이 일어났어요. 오빠를 잃고 분노한 원나라 기황후가 최유에게 군사 1만 명을 주어 공민왕을 제거하려 했던 것이지요.

최유는 덕흥군 왕혜를 왕으로 삼고 의주를 함락시킨 다음 선주에 포진했어요. 하지만 최영과 이성계의 활약으로 대패한 반란군은 보름 만에 압록강을 건너 퇴각했어요. 반란군의 괴수인 최유는 그 해 10월, 원나라 군사에 체포되어 고려로 압송된 뒤 처형되었어요.

이렇듯 안팎으로 나라가 시끄러울 때 공민왕의 마음을 몹시 아프게 하는 사건이 일어났어요. 바로 왕비 노국대장공주의 죽음이었어요. 노국대장공주는 원나라 공주였지만 공민왕과 결혼한 뒤 금슬이 매우 좋았어요. 그런데 8년 만에 임신을 한 노국대장공주가 아기를 낳다가 그만 목숨을

잃고 말았던 것이지요.

"아, 어찌하여 그대가 나를 버리고 세상을 떠났는가. 진정 하늘이 원망스럽구나."

깊이 절망한 공민왕은 그때부터 정사를 소홀히 하고 절에 가서 노국대장공주의 명복을 비는 데 마음을 쏟았습니다. 마침 공민왕은 대신 김원명의 소개로 알게 된 신돈이 자신의 개혁정책을 잘 이해하고 있음을 알게 되면서 그에게 정사를 맡겼어요.

두터운 공민왕의 신임을 등에 업고 정권을 쥔 신돈은 1366년에 전민변정도감을 설치하고 귀족들이 불법으로 소유한 토지를 원소유자에게 돌려주는 한편, 억울하게 노비가 된 사람들을 해방시켜 주었어요.

"생불이 나타났어. 드디어 태평성대가 오려나보다."

백성들은 기뻐하면서 신돈을 찬양했어요. 그러자 신돈은 자신감을 갖고 개혁정책을 밀고 나갔어요. 한편, 조정에서 신돈의 정책에 반대하는 신하들은 모조리 유배형을 당했지요. 그런데 몇 년이 지나자 신돈은 점차 자신의 권력을 대궐 같은 집을 짓고 첩을 여럿이나 거느리거나 뇌물을 받아 재산을 늘렸던 데에 사용했어요.

"전하, 신돈이 무리를 모아 역모를 꾀하고 있습니다."

때마침 공민왕은 신돈의 횡포를 그대로 둘 수 없다고 생각하고 있었어요. 어떤 임금이든 신하가 자신보다 백성들의 칭송을 듣고 힘이 세지는 것은 싫어하기 마련이니까요.

그래서 공민왕은 역모가 사실인지 아닌지 확인조차 하지 않고 신돈을 잡아들이게 했어요. 그리곤 수원으로 귀양 보냈다가는 얼마 뒤에 목숨을 빼앗았어요. 그로 인해 6년 동안 고려를 지배했던 신돈의 세력은 남김없이 사라지고 말았답니다.

그 후 공민왕은 정치에 대한 흥미를 잃고 고독과 방탕의 나날을 보냈어요. 또한 노국공주에 대한 그리움이 지나쳐 정신이상과 같은 증세를 드러내기 시작했습니다. 귀족의 아들로 구성된 자제위를 만들어 젊고 예쁜 시녀들과 음란한 짓을 하도록 해서 문틈으로 엿보았고, 심지어는 자신의 뒤를 이을 자식이 없다는 핑계로 이들에게 왕비를 욕보여 아이를 갖게 하려 했습니다.

1374년, 공민왕은 내시 최만생으로부터 익비가 임신했다는 소식을 듣자, 후환을 제거하기 위해 익비를 간음한 홍륜을 죽이라고 명했어요. 그렇지만 최만생은 오히려 홍륜 무리와 결탁하여 만취한 상태로 잠들어 있던 공민왕을 암살하고 말았어요. 그리하여 고려의 부흥과 개혁을 꿈꾸던 공민왕은 즉위 23년 만에 허무하게 세상을 떠났어요. 다음 날, 공민왕을 시해한 홍륜 일당은 내시 이강달과 경복흥, 이인임 등에게 체포되어 모조리 형장의 이슬로 사라지고 말았습니다.

자주국가의 기치를 높이 든 공민왕

알면 재미있는 이야기

공민왕의 《천산대렵도》

공민왕의 이름은 왕전이었는데, 어렸을 때부터 그림은 물론 글씨에도 뛰어나 많은 초상화와 산수화, 불화 등을 그렸어요. 15세기의 학자 성현은 《용재총화》에서 공민왕에 대해 이렇게 칭찬했습니다.

"물건의 형상을 그리는 데는 자연의 이치로부터 얻어옴이 없이는 정교히 할 수 없으며, 또한 물건에는 정교히 되기 가능해도 여러 가지에 모두 정교히 되기 어렵다. 근대로 말하면 공민왕의 그림이 아주 풍격이 높으니 지금 도화서에 보존된 노국대장공주의 초상과 덕흥사에 있는 석가가 산에서 내려오는 것을 그린 화폭이 모두

공민왕의 천산대렵도

왕의 친필로 된 그림이다. 간혹 산수를 그린 것도 전해 내려오는데 아주 기묘하기 짝이 없다."

공민왕의 작품 가운데 개성 화장사에 보관되어 있던 '자화상'은 아깝게도 한국전쟁 때 사라지고 사진으로만 남아 있어요. 또 '천산대렵도' 역시 많이 훼손되어 전체 그림 중 일부만이 남아 공민왕의 솜씨를 보여주고 있어요. 가을빛이 자욱한 야산의 개울가에서 다양한 자세의 말들이 쉬고 있는 정경과 또 말을 타고 짐승을 쫓는 무사들의 기상이 돋보이는 작품이지요.

개혁의 일선에 섰던 대학자 이제현

이제현은 공민왕 초기에 고려의 개혁을 이끌었던 인물입니다. 경주 출신으로 1287년에 태어났는데, 어린 시절 고려에 성리학을 처음 들여온 백이정의 제자가 되었고, 당대의 대학자였던 권보의 문하에서 공부했어요. 15세의 나이에 성균시에 수석으로 합격한 그는 스승 권보의 딸과 결혼한 뒤 정계에 진출했어요.

1314년, 그는 충선왕의 부름으로 연경에 세워진 만권당에서 염복, 조맹부, 요수, 원명선 등 원나라의 한족 출신 대학자들과 학문을 논했어요. 또 세 차례에 걸친 중국 여행으로 견문을 넓힌 다음 고려 조정에 들어와 일했습니다.

1339년, 충혜왕이 원나라에 끌려간 뒤 초야에 묻혀 《역옹패설》을 썼어요. 1344년, 충목왕이 즉위하면서 정계에 복귀한 이제현은, 1351년에 공민왕이 즉위하자 정승이 되어 개혁정책을 적극적으로 시행했어요. 1353년에는 지공거가 되어 이색 등 35인의 인재를 선발했고, 나이가 들자 1357년에 사임하여 관직에서 물러났습니다.

퇴임한 뒤에도 공민왕은 그를 몹시 신뢰하여 수시로 나랏일에 대해 물었어요. 이제현은 조정 밖에서 그렇게 공민왕을 도우면서 학문에 온 힘을 쏟아 《익제난고》 등을 비롯한 많은 책들을 지었어요. 그는 또 홍건적의 침입으로 불타 없어진 역사 자료를 되살리기 위해 《국사》를 집필했지만 완성하지 못하고, 1367년 81세의 나이로 세상을 떠났어요. 이제현은 성리학의 발전에 크게 기여했고, 원나라의 부마국인 고려의 현실적인 위치를 인정하면서도 꾸준히 자주성 회복을 위해 애썼던 현실적이면서 지조 높은 지식인이었습니다.

알면 재미있는 이야기

성인에서 요승이 된 신돈

신돈은 영산 출신으로 어머니가 계성현 옥천사의 노비였어요. 어렸을 때 출가한 뒤 편조란 법명을 썼어요. 1358년, 대신 김원명의 소개로 공민왕을 처음 만난 그는 곧 왕의 신임을 얻어 궁중에 드나들게 되었지요. 이에 무장 정세운은 이렇게 말하며 그를 죽이려 했어요.

"나라가 망하려면 요승이 들끓는 법, 내가 반드시 저 자를 죽이고야 말겠다."

이런 조정의 움직임에 놀란 공민왕은 신돈을 도망치게 했어요. 하지만 김용의 난 때 정세운 등 편조를 미워하는 사람들이 죽자 공민왕은 다시 신돈을 궁궐에 불러들였어요. 1364년, 왕은 편조에게 청한거사라는 법호를 주고 국사로 삼았습니다. 이때부터 편조는 많은 추종자들을 거느리고 정권을 장악했어요.

"청한거사는 사리사욕이 없는 사람이야."

공민왕은 이렇게 신돈을 평가하면서 1365년 7월, 진평후에 봉했어요. 그리고 얼마 뒤에는 '수정이순논도섭리보세공신 벽상삼한삼중대광 영도첨의사사 판중방감찰사사 취산부원군 제조승록사사 겸판서운관사'라는 긴 관직을 주어 왕을 대신하도록 했어요. 벼슬 이름이 긴 만큼 할 수 있는 일이 많고 권력도 대단했겠지요?

그때부터 조정의 인사권을 비롯한 내외의 모든 권력을 행사하게 된 편조는 승복을 벗어던지고 이름을 신돈으로 바꾼 뒤 강력한 개혁 정책을 수행했어요.

신돈은 우선 공민왕이 적극적으로 지지하던 토지 개혁과 노비 해방에 전력을 쏟았어요. 이는 귀족들의 힘을 약화시키고 민간경제를 활성화시키기 위한 중요한 정책이었어요. 1366년에는 전민변정도감을 설치하여 과거에 귀족들에게 부당하게 빼앗긴 토지와 강압에 의하여 노비가 된 백성들을 원래의 상태로 되돌려 주었어요. 그러자 신돈을 평가하는 두 가지의 목소리가 고려 안에 울려 퍼졌어요.

"성인이 나타났다."

"요승이 나라를 망친다."

앞에 말은 백성들의 환성이고, 뒤에 말은 귀족들의 한숨소리이지요. 이렇듯 민심을 얻은 신돈은 숭문관 옛터에 성균관을 세워 유학을 장려했고, 《도선비기》를 앞세워 도읍을 평양으로 옮기자고 건의하기도 했어요. 옛날 묘청이 서경으로 천도하자고 했던 것과 같은 생각이었지요. 하지만 이런 신돈의 극단적인 정책은 귀족들은 물론 유학자들의 반발을 샀어요.

"신돈의 골상은 반역의 기운이 있습니다."

이제현은 공민왕에게 이렇게 경고했고, 1366년에는 간관 정추와 이존오 등이 그를 탄핵했다가 쫓겨났어요. 1367년에는 오인택, 경천흥, 김원명 등이 그를 제거하려다 발각되어 유배당했고, 이듬해에는 김정, 김흥조, 김제안 등이 같은 혐의로 유배를 떠나다 살해되기까지 했습니다.

그런데 공민왕은 이렇듯 신돈의 세력이 강해지자 차츰 신돈을 멀리하기 시작했어요. 당시 신돈은 환속한 뒤 기현이란 사람의 집에 살다가 고대광실 같은 새 집으로 이사를 갔어요. 그때부터 신돈은 많은 첩을 거느리고 술에 취하는 등 타락하기 시작했어요. 그러면서 더욱 큰 권력을 갖기 위해 공민왕에게 이렇게 건의했어요.

"저를 5도의 사심관으로 임명해 주십시오."

그러자 공민왕은 그의 탐욕을 알아차리고 냉정하게 거절했어요.

"사심관은 도적과 같은데 내 어찌 대사에게 그런 자리를 만들어줄 수 있겠소?"

이때부터 공민왕은 신돈을 믿지 못하고 직접 정사를 돌보기 시작했어요. 그런데 신돈을 따르는 신하들이 공민왕의 정책에 수시로 반대하는 것이었어요. 이에 화가 난 공민왕은 1371년 7월, 역모 혐의로 신돈을 체포해 수원에 유배시킨 다음, 그를 따르던 기현과 이춘부, 이운목 등과 함께 처형시켰습니다. 그리하여 신돈의 개혁 정책도 완전히 끝나고 말았답니다.

우왕에서 공양왕까지

고려의 끝, 조선의 시작

최영에게 의지했던 우왕

(재위 : 1374~1388년)

고려의 마지막 임금 공양왕

(재위 : 1389~1392년)

오랜 원나라의 압제에서 벗어나려는 고려인들의 시도는 중국에서 새롭게 일어난 명나라와의 교분을 기회로 삼았어요. 이때 왕권이 약해진 고려 조정은 최영을 대표로 하는 친원파와 이성계의 친명파가 대립했습니다. 그리하여 우왕과 최영이 명나라를 정벌하려 하자 이성계는 위화도 회군으로 정권을 잡은 다음 대대적인 개혁에 돌입했어요. 이때 이성계를 따르는 남은, 조준, 정도전 등 신진세력들은 낡은 시대를 버리고 새 나라를 세우려는 계획을 세웠어요. 그리하여 이에 반대하던 정몽주는 목숨을 잃었습니다. 도도히 흐르는 역사의 물결은 되돌릴 수 없는 법, 마침내 고려는 34대 공양왕을 마지막으로 조선에 역사의 바통을 넘겨주고 말았답니다.

최영에게 의지했던 우왕

(재위 : 1374~1388년)

고려 제32대 임금 우왕은 공민왕의 장남으로 신돈의 여종 반야의 소생입니다. 아명은 모니노였어요. 노국공주가 아이를 낳다가 목숨을 잃은 뒤 공민왕은 실의에 빠진 채 신돈에게 정사를 맡겼지요. 그때 신돈은 자신의 여종 반야를 공민왕에게 바쳐 동침하게 했어요. 그 후 신돈의 친구인 능우의 집에서 아들을 낳은 반야는 1년 뒤에 신돈의 집에 가서 살았어요.

"궐 밖에 후사를 이을 아들이 있으니 경들이 잘 받들도록 하라."

1371년, 신돈이 역모죄로 제거된 뒤 공민왕은 비로소 신하들에게 아들이 있음을 알리고 모니노를 궁궐로 데려왔어요. 그때부터 모니노는 명덕태후 홍씨가 돌보게 되었고 이름도 우로 고쳤습니다.

공민왕은 살해되기 직전, 이미 죽은 궁인 한씨를 왕우의 생모로 선언하면서 한씨의 3대 조상과 외조부에게 벼슬을 내렸어요. 또 우왕 즉위 후에는 준정왕후라는 시호가 내려졌어요. 하지만 정작 친어머니 반야는 우왕 2년에 이인임에게서 죽임을 당했어요.

이런 공민왕의 조치는 반야가 신돈의 여종이었으므로 사람들이 우왕을 신돈의 아들로 오해할 수 있었기 때문이었어요. 이런 걱정은 훗날 현실이 되었어요. 이성계를 비롯한 조선 개국세력들은 우왕이 신돈의 자식이라고 주장하며 우왕의 아들인 창왕을 쫓아내는 구실로 삼았으니까요.

1374년, 우는 공민왕 살해사건을 해결한 이인임의 지원으로 왕위에 올랐어요. 그리하여 이인임은 자연스럽게 정권을 장악했고 그의 신임을 받은 최영이 정계의 전면에 등장했어요. 한편 원나라에서는 우왕의 즉위 소식을 듣고 심양왕 왕고의 손자인 탈탈불화를 고려국왕에 봉했어요.

이듬해 탈탈불화가 고려에 온다는 소식이 들려오자 이인임이 그 앞길을 가로막았어요. 하지만 이 사건은 더 이상 확대되지 않았고, 1377년 원나라는 정식으로 우왕을 고려국왕에 봉했어요. 이처럼 고려는 그때까지 원나라와의 관계를 끊지 못했고, 이듬해에는 신흥강국인 명나라에도 우왕의 책봉을 요구했어요. 이로 인해 고려는 원나라와 명나라 사이에서 엉거주춤한 꼴이 되고 말았습니다.

이때 왜구가 남해안을 지나 부여와 공주까지 침입했어요. 그러자 고려 조정에서는 단호하게 대처하여 1376년 홍산에서 최영이 대승을 거두었고, 1380년에는 최무선이 화약과 화포를 이용하여 왜선 5백여 척을 불살랐어요. 또 이성계가 황산에서 왜구를 무찔렀고, 1383년에는 정지가 서남해에서 수백 척의 왜선을 침몰시켰습니다.

이와 같은 군사작전과 별도로 고려는 1375년 일본 조정에 보내 왜구토벌에 협조를 요청했어요. 또 1377년에는 정몽주를 파견하여 왜구에게 붙잡혀 갔던 고려인 수백 명을 귀환시켰어요. 또 경상도와 전라도에 왜인만호부를 두어 왜인들이 살도록 하는 등 외교적인 노력을 함께 했지만 왜구를 효과적으로 막아내는 데는 실패했지요.

새로운 강대국 명나라와의 관계가 악화되면서 고려의 백성들은 불안에 떨게 되었어요. 그런 가운데 1388년 2월, 명나라는 일방적으로 철령 이북의 땅을 요동부에 귀속시키겠다고 통보해 왔어요.

"참으로 오만한 행동이 아닐 수 없다. 이를 응징하지 않으면 앞으로 내내 명나라는 우리 고려를 우습게 여길 것이다."

이에 반발한 고려 조정에서는 최영의 건의대로 요동 정벌을 결정했어요. 이와 함께 한성의 중흥성을 더 높이 쌓아 전쟁에 대비했습니다. 이렇듯 나라의 분위기가 소란스런 가운데 우왕은 최영의 딸을 영비로 삼았어요. 우왕은 최영을 통해 자신의 안전을 보장받으려 했던 것이지요.

한편 명나라는 요동도사로 하여금 철령 이북 지역을 접수하려 했고, 또 요동백호 왕득명을 보내 철령위를 설치한다는 통보를 해왔어요. 이에 우왕은 8도에서 군사를 모으는 한편 세자와 왕족들을 한성으로 피난시키고 일전불사를 외쳤어요.

그 해 4월, 우왕은 최영을 팔도도통사로 삼고 조민수와 이성계를 좌우

최영 장군 영정(왼쪽)
최영 장군 비석(오른쪽)

도통사로 삼아 요동 정벌의 기치를 높이 올렸어요. 그러자 이성계는 이른바 4불가론을 내세워 요동 정벌이 불가능하다고 상주했는데 그 내용은 다음과 같았어요.

첫째, 소국이 대국을 거역하는 것은 불가합니다.
둘째, 여름에 군사를 동원하는 것은 농사에 지장을 초래하므로 불가합니다.
셋째, 원정을 틈타 왜구가 침입할 우려가 있으니 불가합니다.
넷째, 장마로 인해 활에 먹인 아교가 풀릴 위험이 있고, 군사들이 병에 걸리기 쉬우니 불가합니다.

이런 이성계의 반대에도 불구하고 우왕과 최영의 결심은 요지부동이었어요. 하는 수 없이 이성계는 그 해 5월에 조민수와 함께 5만 군대를 이끌고 서경을 지나 압록강으로 향했어요. 이윽고 배다리를 이용해 압록강의 위화도에 다다른 요동 정벌군은 장마로 인해 불어난 물 때문에 진군을 멈추게 되었어요.

며칠이 지나도 물이 빠지지 않자 군사들은 지쳐갔어요. 그러자 이성계는 우왕에게 회군을 허락해달라고 요청했습니다. 그러나 우왕과 최영은 허락하지 않았어요. 이에 이성계는 조민수를 설득한 다음 과감하게 위화도에서 군대를 돌려 개경으로 향했어요. 이것이 바로 유명한 이성계의 위화도 회군이지요.

그 소식을 들은 우왕은 요동 정벌군을 반란군으로 규정하고 최영에게 토벌할 것을 명했어요. 그에 따라 이성계는 어쩔 수 없이 최영의 군대와 싸울 수밖에 없었어요.

이윽고 개경 근처에서 이성계의 요동 정벌군과 최영의 진압군이 맞서게 되었습니다. 하지만 군사의 수효가 부족했으므로 최영은 몇 차례의 승리에도 불구하고 후퇴를 거듭한 끝에 6월 중순, 이성계에게 패하고 말았어요. 최영과 부하들은 체포되어 유배형을 받았고 우왕 역시 폐위되어 강화도에 갇혔어요. 그리하여 최영은 1388년 12월, 개경으로 압송된 뒤 참수되고 말았습니다.

우왕 역시 몇 년 뒤 창왕이 폐위되고 공양왕이 등극했을 때 강릉으로 옮겨졌다가 살해되고 말았어요. 사망 당시 25세의 청년이었던 우왕은 조선 개국세력들에 의해 신돈의 자식이라는 오명을 씀으로써 왕으로 인정받지 못했고 능조차 갖추지 못했답니다.

"다음 왕은 마땅히 종친들 가운데 뽑아야 하오."
"우왕에게 아들이 있는데 어찌 그런 말을 하시오."
위화도 회군으로 정권을 잡은 이성계와 조민수는 권력 다툼을 시작했어요. 그 첫 번째 충돌이 바로 다음 왕을 누구로 삼을까 하는 문제였습니다. 양쪽의 의견이 조금도 좁혀지지 않자 조민수는 유명한 학자인 이색에게 도움을 청했어요. 그러자 이색은 공민왕의 제3비인 익비 한씨에게 창왕을 즉위시키는 교지를 내리도록 했어요. 이처럼 정식 절차가 이루어지자 이성계는 아무런 항의도 할 수 없었어요.

고려 제33대 창왕이 불과 아홉 살의 나이로 즉위하자 창왕을 옹립한 이색과 조민수가 권력의 핵심으로 떠올랐어요. 하지만 이성계는 당시 정도전과 조준 등 수많은 신진 관료들의 지지를 받고 있었으므로 이색과 조민수는 그들을 이길 수가 없었지요.

당시 개혁의 주동자였던 조준은 1388년 토지제도를 개혁하는 전제개혁소를 올렸어요. 이때 조민수는 반대 의견을 냈다가 탄핵을 받고 8월에 창녕으로 유배당하고 말았어요. 이에 문하시중 이색은 우현보, 이림, 변안열, 권근 등과 합심하여 이성계파를 견제하며 고려 조정을 지켜나갔어요. 하지만 그 해 10월, 조정의 개편이 이루어지면서 이성계파가 조정을 완전히 장악해 버렸어요. 이에 낙심한 이색은 벼슬을 그만두고 고향으로 내려가 버렸습니다.

"골치 아픈 사람이 사라졌으니 우리들의 뜻을 펼 때가 되었다."

이때부터 이성계 일파는 창왕을 제거하려는 계획을 꾸몄어요. 그들은 자신들이 우왕을 죽였으므로 언젠가는 반드시 창왕이 복수할 것이라고 생각했어요. 그런데 때맞추어 김저와 정득후가 이성계를 살해하려던 사건이 발생했어요. 그들은 예의판서 곽충보를 포섭하여 계획을 꾸몄지만 곽충보가 이성계에게 고자질하는 바람에 발각되고 말았지요. 이성계는 이 사건을 기화로 변안열, 우현보, 이림, 왕안덕, 우홍수 등 자신의 반대세력들을 모조리 제거해 버렸습니다.

더 이상 걸림돌이 없어진 이성계는 1389년 창왕을 폐위해 강화도로 보냈고, 다음 달인 12월에 공양왕을 즉위시키면서 창왕의 목숨을 빼앗아버렸어요. 그 때 창왕은 불과 10살의 어린 소년이었습니다.

알면 재미있는 이야기

🔴 우리나라 최초로 화약과 화포를 만든 최무선

최무선은 고려 충숙왕 12년부터 조선 태조 2년까지 활약했던 무관이자 발명가였어요. 그는 늘 왜구를 효과적으로 물리칠 수 있는 방법을 늘 궁리했어요. 당시 왜구의 배는 작고 빨라서 고려의 군선으로는 따라잡을 수가 없었으니까요.

"우리 고려에도 화약과 화포가 있다면 참 좋을 텐데……"

최무선은 몽고군이 가지고 있던 화약에 생각이 미쳤어요. 하지만 화약제조기술은 몽고군의 최고 기밀이라 알아낼 수가 없었지요. 하지만 최무선은 포기하지 않고 꾸준히 연구한 결과 화약을 만들려면 초석과 염초, 분탄이 있어야 한다는 것을 알 수 있었어요. 그러던 어느 날, 최무선은 원나라 상인 이원이 염초장으로 일한 적이 있다는 이야기를 들었어요. 그는 서둘러 당시 무역항이었던 벽란도를 찾아가 이원을 만난 다음 간곡하게 설득하고 달랜 끝에 화약제조방법을 배울 수 있었어요.

최무선 장군 영정

그런데 화약을 만드는 데 중요한 재료인 초석이 고려에서는 나지 않아 문제였어요. 최무선은 각고의 노력 끝에 염초와 유황만으로 화약을 만드는 방법을 개발해냈어요. 유황 역시 고려에서는 생산되지 않았지만 왜에서는 많이 생산되고 있었어요. 당시 왜에서는 유황의 위력을 알지 못했으므로 쉽게 수입해 쓸 수 있었지요.

"왜인들이 이 사실을 알게 되면 땅을 치고 통곡할 노릇이겠지?"

이렇게 해서 최무선은 오랜 실험 끝에 최초의 국산 화약을 만들어내는 데 성공했어요. 1377년 10월, 고려 조정에서는 각종 화약 무기를 연구하고 제작하는 화통도감을 설치하고 최무선에게 그 임무를 맡겼습니다. 그리하여 최무선은 대장군, 이장군, 삼장군 등의 여러 가지 화포와 화전, 철령전 등 무려 18가지의 화약무기를 개발해낼 수 있었어요.

1380년 8월, 아지발도가 이끄는 왜구 2만여 명이 5백여 척의 왜선을 이끌고 진포에 상륙하여 약탈을 일삼았어요. 이에 고려 조정은 도원수 심덕부, 상원수 나세와 함께 최무선을 부원수로 삼아 토벌하게 했어요.

"우리 화포의 우수성을 왜구들에게 실컷 보여주자."

이때 고려 함대는 40척의 전선에 각종 화약 무기로 무장하고 왜선을 밀어붙였어요. 각종 화포와 로켓 형식의 유화, 주화 등이 소나기처럼 왜선을 덮쳐 한 척도 남김없이 불태워 버렸어요. 그리하여 배를 잃은 왜군들은 퇴각하지 못하고 지리산 밑의 운봉땅에 모여들었어요. 이때 이성계가 이끄는 고려군이 왜구들을 포위한 다음 전멸시킬 수 있었지요.

1383년에도 고려군은 화약무기를 이용해 관음포에서 왜선 120척을 격멸했어요. 하지만 여전히 왜구들이 준동하자 고려 조정에서는 1389년 박위에게 전선 100여 척을 주어 왜구의 소굴인 대마도를 정벌하도록 했어요. 고려군은 300여 척의 왜선을 격침시키고 왜구들의 소굴을 모두 파괴했는데, 이 모두가 최무선의 화약무기를 이용한 승리였지요.

이후 고려가 멸망하고 조선이 들어선 뒤 최무선의 업적을 이어받은 아들 최해산이 태종 대부터 세종 10년까지 30년 동안 군기사에서 육지에서 사용할 수 있는 화약무기를 개발했어요. 그의 업적은 훗날 이순신이 임진왜란 때 화포를 이용해 왜선을 격퇴할 수 있었던 밑거름이 되었답니다.

최무선 장군 추모비

고려의 마지막 임금 공양왕

(재위 : 1389~1392년)

공양왕은 1389년 창왕을 폐위시킨 이성계와 조준, 정도전 등의 추대를 받아 고려 제34대 임금으로 즉위했어요. 당시 나이 45세였던 공양왕이 왕위에 오른 뒤 이성계 일파가 완전히 고려의 정권을 장악했습니다.

그때 잠시 이색이 정계에 복귀했지만 과거 창왕의 즉위를 도왔다는 죄명으로 파직되어 유배되었고, 조민수도 탄핵되어 삼척으로 옮겨졌어요. 당시 이숭인, 하륜, 권근 등 훗날 조선 왕조를 세우는 데 힘썼던 인물들도 유배 길에 올랐어요.

문하시중이었던 이성계의 강압에 못 이긴 공양왕은 대제학 유구에게 명하여 강화도에 유배되어 있던 창왕을 살해토록 하였고, 또 정당문학 서균형을 강릉에 보내 우왕을 죽이도록 했어요.

"불교는 이미 썩었다. 유교를 통해 나라를 깨끗하게 고쳐보자."

골치 아픈 문제를 해결한 이성계 일파는 정치, 경제, 사회, 교육, 문화 전반에 걸쳐 과감하게 유교 중심의 개혁 작업을 시도했어요. 그들은 정치 발전을 위해 경연 제도를 도입하여 정치논쟁을 활성화시켰고, 과거에 무과를 신설하여 군대를 발전시켰어요.

그들은 고려의 관제를 이조, 호조, 예조, 병조, 형조, 공조 등의 6조로 개편했어요. 또 유학의 진흥을 꾀했고 불교를 배척하는 정책을 썼어요. 이에 따라 《주자가례》로 집집마다 가묘를 세우게 하고 양반 출신으로 승려가 된 자들을 환속시켰어요.

한편 사찰의 재산을 몰수했고 승려들을 군인으로 만들었어요. 경제 분야에서는 서강에 광흥창과 풍저창, 개성오부에 의창을 세워 곡식을 저축했고, 전현직 관리의 직급에 따라 토지를 지급하는 과전법을 실시했어요.

"아무래도 사회 분위기를 완전히 바꾸어야 되겠어."

신진 세력들이 이처럼 개혁의 채찍을 거세게 휘둘렀지만 그 가운데 급진파인 남은과 조준, 정도전 등은 만족하지 못하고 새 나라를 만들어 철저한 유교사회를 완성하고 싶어 했어요. 이에 대하여 정몽주, 이숭인, 이종학 등은 고려를 그대로 유지하면서 차근차근 개혁을 해나가자고 주장했지요. 때문에 두 세력은 충돌할 수밖에 없었어요.

1392년 3월, 명나라에 다녀온 세자 왕석을 마중 갔던 이성계가 황주에서 사냥을 하다 말에서 떨어져 몹시 다치는 사고가 발생했어요. 그러자 기회를 잡은 정몽주는 조준, 남은, 정도전, 남재, 조박, 오사충 등 이성계를 따르는 급진파를 탄핵하여 유배시켜버렸어요.

'여기에서 밀리면 끝장이다.'

이에 위기의식을 느낀 이성계는 아픈 몸을 이끌고 서둘러 개경으로 돌아와야 했어요. 이와 같은 온건개혁파의 실력행사를 그대로 두고 볼 수 없다고 여긴 이성계의 셋째 아들 이방원은 정몽주를 찾아가 《하여가》라는 시조를 읊으면서 정몽주를 꾀었어요.

이런들 어떠하리. 저런들 어떠하리.
만수산 드렁칡이 얽혀진들 어떠하리.
우리도 이같이 얽어서 천년까지 누리리라.

그러자 정몽주는 《단심가》를 부르며 고려 왕조에 대한 충성심을 끝내 버리지 않았어요.

이 몸이 죽고 죽어 일백 번 고쳐 죽어
백골이 진토 되어 넋이라도 있고 없고
임 향한 일편단심이야 가실 줄이 있으랴.

드디어 정몽주를 더 이상 설득하기 어렵다고 판단한 이방원은 안타깝지만 그를 제거하기로 마음먹었어요. 정몽주는 오래 전부터 이성계와 함께 친하게 지내며 고려의 개혁을 함께 일궈온 동지였지만, 이제는 새 나라를 건설하는 데 최대의 걸림돌이 되었기 때문이었지요. 그리하여 이방원은 심복인 조영규를 시켜 개경의 선죽교 위에서 정몽주를 살해하게 했어요. 이어서 정몽주와 뜻을 함께 하던 고려의 신하들을 모두 죽이거나 유배 보냈습니다.

그 해 6월, 유배에서 풀려난 남은과 정도전은 동료들과 함께 본격적으로 역성혁명을 실행에 옮겼어요. 역성혁명이란 나라의 주인인 왕의 성을 바꾸는 혁명이란 뜻이에요. 곧 왕씨에서 이씨로 성을 바꾸는 혁명을 말한답니다.

"왕은 더 이상 이용가치가 없어. 정몽주까지 제거한 마당에 거사를 더 이상 망설일 이유가 없지."

"맞는 말이야. 이제 튼튼한 새 나라를 건설해야 해."

그리하여 1392년 7월, 정도전, 남은, 조준, 배극렴 등은 공양왕을 폐위시키고 이성계를 왕으로 추대했어요. 아무런 힘이 없던 공양왕은 반항 한 번 못해본 채 옥좌에서 내려와야만 했지요. 그 결과 이성계는 고려국왕이 되었고, 이듬해 2월에는 국호를 조선으로 정했어요. 이로써 고려 왕조는 개국한 지 474년 만에 역사에서 사라지고 말았습니다.

조선을 건국한 이성계는 고려부흥운동의 싹이 자라나지 못하게 하려는 뜻으로 왕씨들을 배에 실어 수장시키는 등 잔혹한 말살정책을 폈어요. 이에 왕씨들은 어머니의 성씨를 따르거나 전씨, 옥씨, 용씨 등으로 성을 바꾸고 전전긍긍하며 살아야 했지요. 한편 폐위된 공양왕은 공양군으로 강등되어 원주에 유배되었다가 간성, 삼척 등지를 전전했고 1394년 결국 50세의 나이로 살해되고 말았답니다.

고려의 마지막 임금 공양왕

알면 재미있는 이야기

고려 충절의 대명사 정몽주

 정몽주는 영일 정씨의 후손으로 초명은 몽란, 몽룡, 호는 포은이라고 합니다. 1337년 태어나 1357년 21세 때 감시에 합격했고, 1360년 과거 문과에서 장원 급제, 1367년에는 예조정랑으로 성균관 박사가 되었어요. 그는 이 무렵 주자학에 뛰어난 강의를 펼쳐 이색으로부터 '동방 이학의 시조'라는 찬사를 받았어요.

 정몽주는 학문뿐만 아니라 외교에도 재능을 발휘해 1372년에는 서장관으로 명나라를 다녀오기도 했어요. 당시 사신 일행이 황해에서 풍랑을 만나 열두 명이나 죽었지만 정몽주는 13일 동안 표류하다 명나라 해군에게 구조되기도 했지요.

 1376년 학자로선 최고의 벼슬자리인 성균관 대사성에 올랐어요. 이때 그는 규슈에 있는 일본 조정에 가서 왜구들을 단속해 달라고 요청하면서 수많은 고려인들을 귀환시키는 등 놀라운 능력을 과시했고, 수차례 명나라에 드나들면서 양국관계를 회복시켰어요.

 이성계의 위화도 회군으로 조정이 친명세력에게 장악되었을 때 정몽주는 문하찬성사, 예문관 대제학 등의 벼슬을 오가며 이성계와 함께 개혁

정몽주 초상화

을 추진했어요. 이런 과정에서 창왕을 폐하고 공양왕을 세우는 데도 도움을 주었어요.

당시 정몽주와 이성계는 개혁의 동반자로서 매우 가깝게 지냈습니다. 하지만 정몽주는 개혁을 통해 고려 왕조의 체질을 바꾸고자 했고, 이성계는 자신을 중심으로 새로운 왕조를 열려 했어요. 그러므로 두 사람은 당연히 부딪칠 수밖에 없었지요.

정몽주 묘역

이성계는 자신의 혁명을 반대하는 정몽주를 살려둘 수가 없었어요. 결국 정몽주는 이방원에 의해 살해되었지만 그의 고려에 대한 지극한 충절은 조선의 선비들도 깊이 추앙하여 개성의 숭양서원 등 13개 서원에서 그를 받들였답니다.

고려 최후의 충신 두문동 72현

어린이 여러분은 두문불출이란 말을 들어보았나요? 문을 꼭 걸어 잠그고 밖으로 나오지 않는다는 뜻이랍니다. 그런데 이 말이 생기게 된 유래가 있어요.

고려 왕조 말기 이성계가 위화도 회군 후에 정권을 잡고 역성혁명을 통해 조선 왕조를 세웠잖아요? 그때 수많은 사람들이 조선 왕조를 세우는 데 도움을 주었지만 고려에 충성심을 버리지 않았던 72명의 선비들은 이성계에게 협조할 것을 거부하고 경기도 개풍군 광덕산 서쪽 기슭에 있던 두문동으로 숨어들었어요.

그들은 동네의 동서 쪽 입구에 문을 세운 뒤 걸어 잠그고 일체 밖으로 나오지 않았으므로 두문불출이란 말이 생겨났던 거예요. 훗날 조선의 임금 정조는 이들의 충성심을 높이 평가하여 72명의 이름을 성균관에 올렸어요. 고려왕조는 비참하게 저물었지만 이와 같은 충신들이 있음으로 해서 결코 외롭지 않았답니다.

고려 왕조 연대표

1 태조(877~943년)   고려 건국(918년)
2 혜종(912~945년)   후백제를 쳐서 공을 세움
3 정종(923~949년)   서경천도계획 추진, 광학보 설치
4 광종(925~975년)   노비안검법과 과거제도 시행
5 경종(955~971년)   전시과 제정, 유학장려정책, 강동 6주 획득
6 성종(960~997년)   숭유억불책 시행, 삼성육부의 중앙관제
7 목종(980~1009년)   전시과를 개정, 학문 장려
8 현종(992~1031년)   5도 양계 체제 완성
9 덕종(1016~1034년)   국자감시 설치
10 정종(1018~1046년)   서경천도 계획
11 문종(1019~1083년)   공음전시법 시행
12 순종(1047~1083년)   재위기간이 가장 짧은 왕
13 선종(1049~1094년)   불교를 장려, 교장도감 설치
14 헌종(1084~1097년)   이자의가 반란을 꾀하였음
15 숙종(1054~1105년)   족내혼 금지, 최초 화폐 발행
16 예종(1079~1122년)   혜민국 설치, 팔관회를 열었음
17 인종(1109~1146년)   서경천도설, 부식《삼국사기》편찬

18 의종(1127~1173년)	묘청의 난, 무신정변
19 명종(1131~1202년)	정중부 등의 반란
20 신종(1144~1204년)	만적의 난
21 희종(1181~1237년)	최충헌을 암살하려 함
22 강종(1152~1213년)	최씨 무신정권의 시대
23 고종(1192~1259년)	몽고의 침입과 항쟁, 대장경판의 손실, 대장도감의 설치
24 원종(1219~1274년)	삼별초의 항쟁
25 충렬왕(1236~1308년)	정동행성 설치, 일연《삼국유사》편찬
26 충선왕(1275~1325년)	동성 결혼금지, 인재의 등용 등 개혁정치
27 충숙왕(1294~1339년)	원나라의 세공 삭감
28 충혜왕(1315~1344년)	원나라에 국새를 빼앗김
29 충목왕(1337~1348년)	정치도감 설치
30 충정왕(1338~1352년)	왜구의 약탈
31 공민왕(1330~1374년)	몽골식 변발과 호복 폐지, 쌍성 총관부 폐지
32 우왕(1365~1389년)	이성계에게 죽음을 당함
33 창왕(1380~1389년)	정방 폐지, 상서사 설치
34 공양왕(1345~1394년)	이성계의 위화도 회군

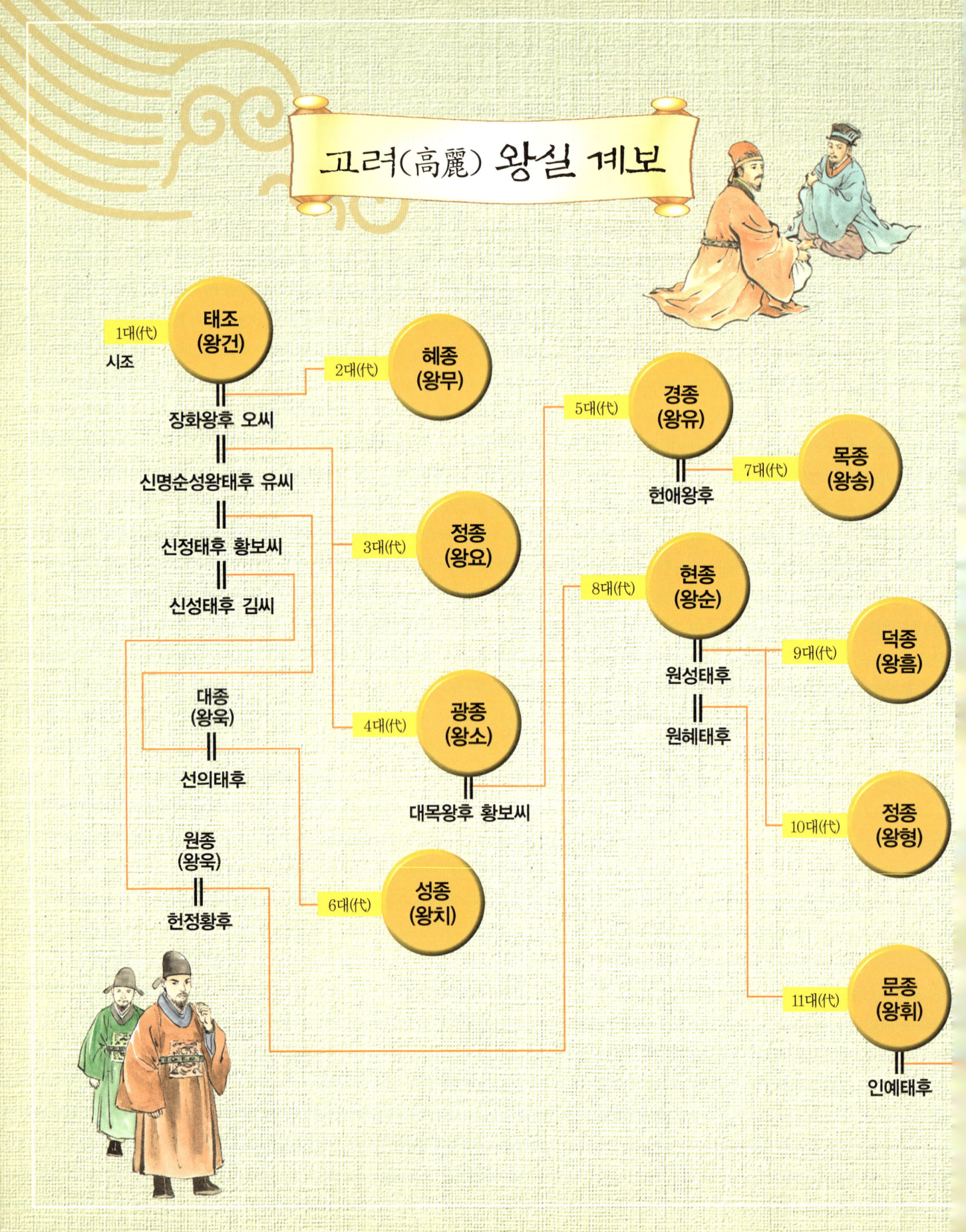

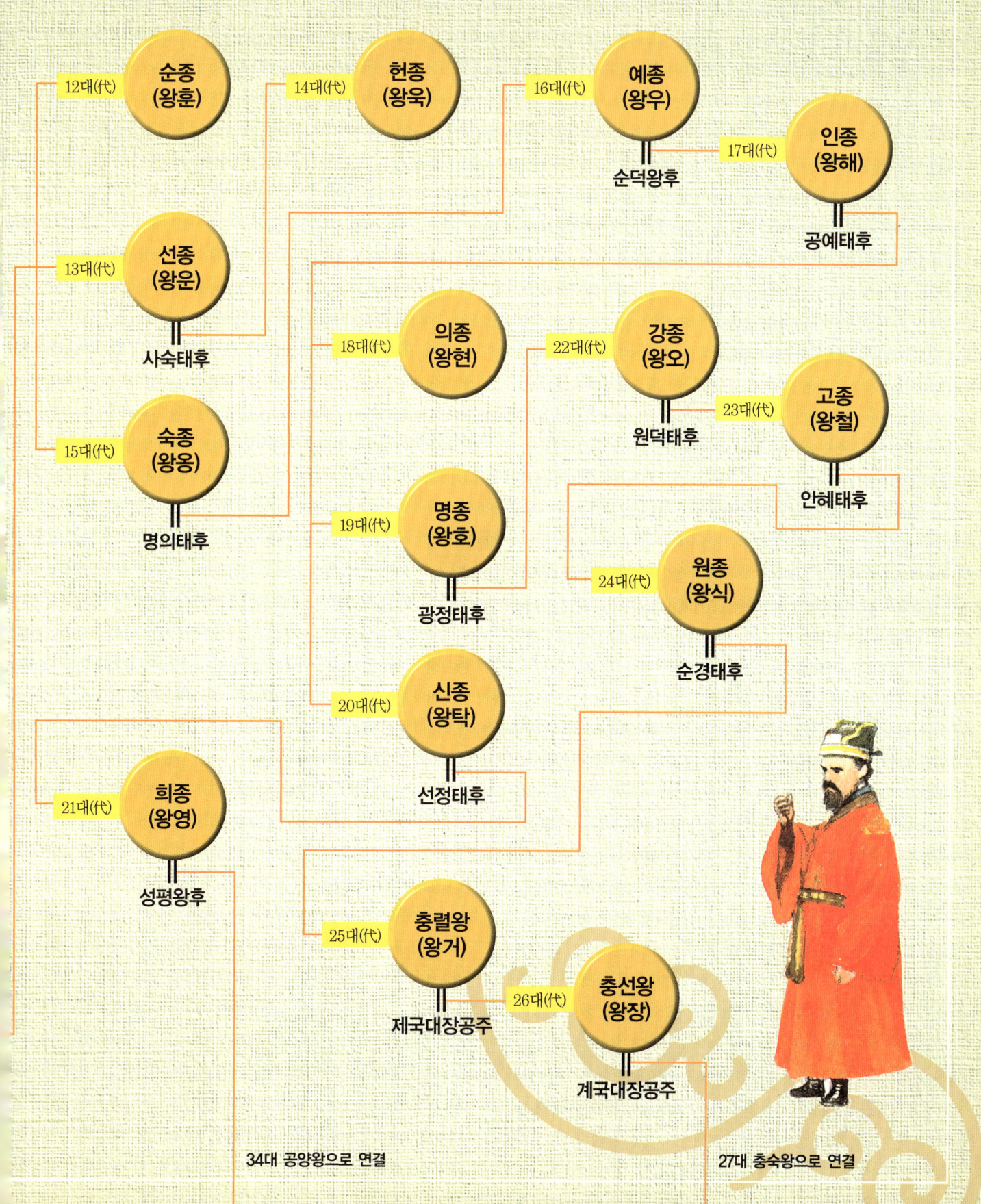

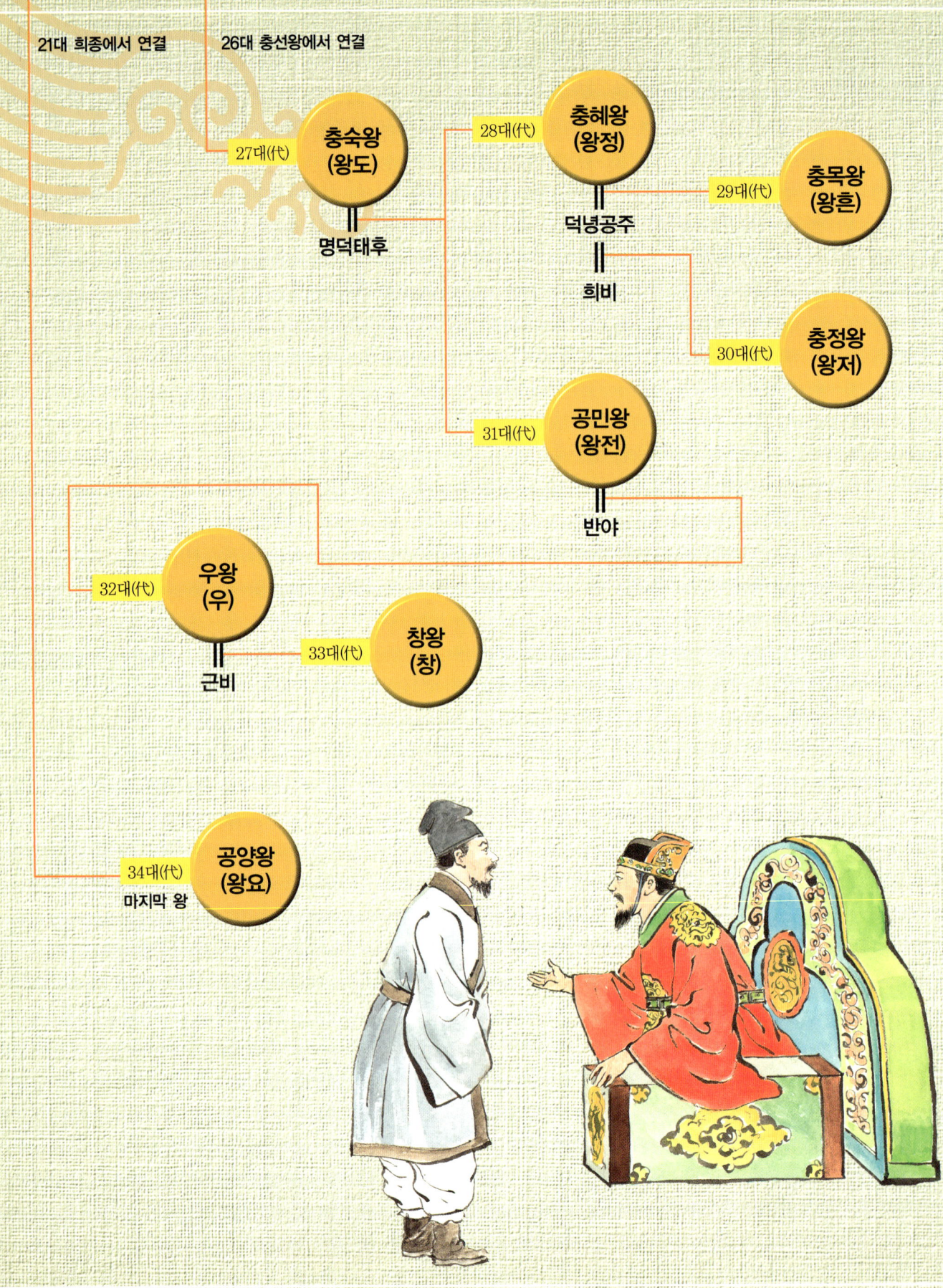